やさしく日本の金融史

落合　功

学文社

はじめに

『やさしく日本の金融史』を刊行します。さて、「金融」というと、難しい印象はありませんか？　実際、私もそうでした。近寄りがたい印象があります。だから、本書は金融に関わるいろいろな事柄を簡潔にまとめたものです。本書の目的は、過去の金融史の事例を知ることもありますが、それだけではなく、金融の仕組み、貨幣の仕組みを知ることにあります。

注目する点として2つを紹介しましょう。

実は、日本の金融史を振り返るとき、金融政策（貨幣政策）において、何度も何度も同じ政策が繰り返されることに気づきます。基本、考えていることは同じということがわかります。それは一体、どういうことでしょうか。少し考えてみてください。

もう一つは、今から見ると不思議な判断や事例であったとしても、それが当時にとっては合理的な判断であることがしばしばあるということです。その時代の合理性を考えることは、相手への理解にもつながります。

金融の問題を考えるとき、業務など多くの点を考える必要があるでしょうが、それとは別に金融史という歴史を通じて学ぶキーワードは信用です。今回、取り上げる、貨幣改鋳、手形・割符などの遠隔地取引、藩札を始めとした紙幣発行、取り付け騒ぎなど、キーワードは信用です。頭の中に「信用」という言葉を思い浮かべながら読んでみてください。

本書は、『月刊金融ジャーナル』に連載していたコラム「ニッポンの金融史」（巻末に「初出一覧」）をまとめたもので、古代から近代（戦前期）までを再構成して掲載しました。もちろん、連載したコラムには、戦中、戦後の内容もありますが、紙面の都合から、割愛せざるを得ませんでした。これらについては、機会を見つけて改めて刊行できればと思います。

内容がコラムという性格上、1回で完結するメリットがありますが、逆に十分に内容が紹介しきれなかったり、また、本来紹介すべき事柄が盛り込まれない場合もあります。また、商業や土地問題などの問題を叙述した場合もあり、少し金融史から離れたものもあります。全く無関係ではありませんが、御海容を乞う次第です。

最後に本書のタイトルについて。金融史はタイトル自体も全く面白みに欠けます。せめて、タイトルだけでもユニークにということで、このタイトルを決めました。別に間違っているわけではありません。

目次

第3章 金融史としての明治時代 84

第4章 金融史としての大正・昭和戦前期 116

第1章 金融史としての古代・中世

貨幣経済の始まり

古代・中世は、貨幣が社会に浸透していく過程であった。価値貯蔵機能（貨幣を備蓄し将来に備える）、一般的交換手段機能（貨幣は何でも交換できる）、価値尺度機能（物の価値を図る基準にできる）という貨幣のもつ3つの機能も、十全に発揮されたとはいえなかった。

古代国家は富本銭・和同開珎と貨幣を自鋳する。しかし、古代末期以降、自国で貨幣を鋳造せず、中国（元、明）や朝鮮からの貨幣（渡来銭）に依存する。自国で貨幣発行権を持たないということは、国家財政や物価調整などにも重要な意味を持つこととなる。

他方、贈答儀礼は頻繁に行われ、それ自体で市場を形成した。また、古代以来の租庸調の物資輸送の

680年頃　●富本銭が鋳造される

683年　●銀銭ではなく銅銭を使用するよう命じる（直後、銀銭の使用を止めないように命じる）

694年　○藤原京遷都

708年　●武蔵国秩父郡から銅が献上される。年号を和銅と改め、和同開珎を鋳造する

710年　○平城京（奈良）遷都

711年　●蓄銭叙位令が発せられる

負担や貨幣の移動のリスクを軽減するために手形や割符《さいふ》が発行されるようになり、信用制度も次第にみられるようになる。

また家の存続が重視され、私権が軽くみられていたこともあり、国質や郷質、利倍法や徳政令、悔い返しなど、特殊な慣習が社会的に認知された時代でもあった。

聖《ひじり》神社（埼玉県秩父市）

958年　●乾元大宝（最後の皇朝十二銭）鋳造される
1167年　○平清盛太政大臣となる
1173年　●平清盛、大輪田泊を拡張する。
1192年　○源頼朝征夷大将軍となる
1297年　●永仁の徳政令が発せられる
1333年　○鎌倉幕府滅亡
1404年　○日明貿易（勘合貿易）が始まる
1573年　○室町幕府滅亡

●金融史事項
○通史事項

1 日本初の銭、富本銭の発行――朝廷の勝手な都合だった

奈良県の飛鳥池遺跡から富本銭《ふほんせん》が発見されたのは1999年1月19日のことである。これまでの通説では、日本最古の鋳造貨幣は和同開弥《わどうかいほう》と言われていただけに、この発見は教科書までも書き換える大発見となった。

だが実は、富本銭の存在は文献上では知られていたのだ。『日本書紀』の天武12年（683年）の箇所には、「銅銭を使用し銀銭の使用を禁止すること」と、銭の使用が指摘されていた。、また、富本銭・和同開弥のように文字が印されていない銭（無文銀銭）もある。しかし、その実態がわからず、その存在は謎とされていたわけである。

一方で、和同開弥が最も早い鋳造貨幣であるという根拠も確かにある。元号を和銅にしたことからも、その反応の大きさが分かるだろう。富本銭が発行されたときも、銭として流通していただろうが、本格的に銭として使用されたのは、和同開弥が鋳造されてからである。

ところで、なぜ、朝廷は貨幣を発行したのだろうか。理論的には、物々交換では、相互に必要なモノがなかったり、モノが腐ったりするなど、不都合なことが多かった。それ故に、交換の媒体として貨幣を必要とした、と考えるのが普通であろう。しかし、実際は違うようだ。

富本銭と和同開弥の発行には共通の理由がある。発行時期を参照すると、富本銭は680年前後のことで、和同開弥は708年。つまり、いずれの時期も都の造営が計画されていた時期であった

参考図書　栄原永遠男「貨幣の発生」桜井英治・中西聡編『流通経済史』山川出版社，2002年

（藤原京は６９４年、平城京は７１０年造営）。そのため、造営に携わる人々に支払うための莫大な費用が必要であり、それに充てるために貨幣が鋳造されたのだ。造営に関わる人々に対し、塩や布を調達し分け与えるよりも、貨幣で払ったほうが容易だったということである。朝廷としては貨幣で支払った以上、責任があるため、銭を蓄えたら昇格する蓄銭叙位令や旅行者に銭を携帯させるような法律を打ち出し、流通を促す施策を行った。

わが国の貨幣発行の背景には、「貨幣で支払う」ための朝廷の思惑があったのである。

富本銭　飛鳥池遺跡で発掘された富本銭。銭文には「民や国を富ませる本」という願いをこめて，「富本」の二字が採用された。

出所：奈良文化財研究所

和同開珎　「わどうかいちん」とも読む。右回りで和同開珎と読むが、後の明銭である永楽通宝の場合、上下右左の順で読ませることがある。

出所：日本銀行貨幣博物館

金融見聞録

貨幣の持つ役割として，「価値尺度機能（お金によって，物の価値を定めることができる）」「一般的交換手段機能（物と物とを交換するときには，相互の欲求が一致してないといけない。貨幣が仲介することで解決できる）」「価値貯蔵機能（物によって腐ったりしてしまうこともあるが，貨幣は腐らず，価値が一定である。このため将来のために蓄えることができる）」の３つがある。こうした理由から貨幣が登場したといわれる。

2 元号になった銅の発見──貨幣経済の始まり

慶雲5（708）年の正月、武蔵国秩父郡から天皇へ銅が献上された。おそらく、正月の贈答品であろう。当時、海外から持ち込まれた銅はあったが、国内で採掘された銅はこの時が初めてといわれる。天皇は銅が献上されたことを祝い、元号を慶雲から和銅に改元した。慶雲5年正月11日のことである。よって「和銅元年に銅が献上された」のではなく、「銅が献上されたので、和銅元年になった」というほうが正確なのだろう。

富本銭などの発見もあり、日本最古の銭は、和同開珎か否かが議論の的であるが、少なくとも和同開珎が銭として初めて国内に多大な影響を与えたことは確かである。江戸時代後期の学者・本居宣長が著した『歴朝詔詞解《れきちょうしょうしかい》』という『続日本紀』の注釈書があり、それによれば、和銅を「爾伎阿《にきあ》加賀禰《かがね》」と読ませ、純度が高い銅（熟銅）であると紹介している。しかも、それまでは「無文銭」といわれ、特に銭に文字が鋳られていなかった（富本銭など全くなかったわけではないが）。本格的に銭文が鋳られ、幅広く流通するようになったのも和同開珎が初めてである。このため、銭座が免許を得て最初に銭を鋳造するときには、お祝いの意味を込めて、まず和同開珎の銭文を鋳造したといわれている。ちなみに元号は和銅だが、貨幣の名称は和同である。

国内に銅が埋蔵していることを発見したのは、古代国家にとって画期的なことであった。すぐに鋳銭司が設置され、和同開珎の鋳造が始まった。唐国で当時通用していた開元通宝をまねたという。

以来、銭の鋳造は12回にわたり繰り返され、皇朝十二銭となる。和同開珎は、皇朝十二銭の始まりということだ。

さて、和同開珎は、当初は銀銭と銅銭の2種類を鋳造していたが、和銅2年8月及び同3年9月の2回にわたり銀銭禁止令が発せられたため、次第に銅銭のみが使用されるようになった。

なぜ当時、金や銀ではなく、銅を使うようになったか。これは、希少性によるのだろう。金や銀も高価であったかもしれないが、すでに全国的に流通していた。その点、銅は武蔵国秩父郡で初めて採掘されたことからも明らかなように、希少性が高かった。しかも、それに文字を加えることで、国の管理を徹底した。

こうして考えると、和銅元年は、銅が発見され、和同開珎が鋳造されたということだけでなく、国が責任をもって通貨を管理するようになった年ともいえるのである。

銭　文	銭　種	発行年
和《わ》同《どう》開《かい》珎《ほう》	銅銭・銀銭	和銅元（708）年
万《まん》年《ねん》通《つう》宝《ほう》	銅銭	天平宝字４（760）年
神《じん》功《ぐう》開《かい》宝《ほう》	銅銭	天平神護元（765）年
隆平《りゅうへい》永《えい》宝《ほう》	銅銭	延暦15（796）年
富《ふ》寿《じゅ》神《しん》宝《ぽう》	銅銭	弘仁９（818）年
承和《じょうわ》昌《しょう》宝《ほう》	銅銭	承和２（835）年
長年《ちょうねん》大《たい》宝《ほう》	銅銭	嘉祥元（848）年
饒益《じょうえき》神《しん》宝《ぽう》	銅銭	貞観元（859）年
貞観《じょうがん》永《えい》宝《ほう》	銅銭	貞観12（870）年
寛平《かんぴょう》大《たい》宝《ほう》	銅銭	寛平２（890）年
延《えん》喜《ぎ》通《つう》宝《ほう》	銅銭	延喜７（907）年
乾《けん》元《げん》大《たい》宝《ほう》	銅銭	天徳２（958）年

皇朝十二銭　貨幣改鋳が行われるに従い，貨幣の質が悪くなっていく。

出所：『国史大辞典』第５巻，吉川弘文館，1985年

3 利倍法―徹底的には取り立てない

お金の貸借は情報の非対称性（信用）がキーワードとなる。返済が確実だとすれば利率は低くなるし、返済の可能性が不透明であれば利率は高くなる。

例えば、鎌倉時代の金利は1カ月当たり5～7％と高かった。1カ月当たり5％の場合は「5文字」といわれ、複利計算なら2年経たずに、単利計算なら4年経たないうちに元本の倍額になる。

当時の有名な法律に利倍法というのがあった。同法では「利（利子）は本銭（元本）一倍を過ぐるべからず」と定められていた。つまり、「利子は元本の倍を超えて受け取ってはならない」ということである。例えば100文を貸した場合、借り手から計300文（元本100＋利子200）を超えて受け取ってはいけない。同法は利息規制法として、相当な実効力のある法と位置づけられており、訴訟のときでも争論の対象になることはなかった。貸し手・借り手双方が同法を理解していたようである。

では、利子が元本の倍を超えた場合は、どうなったのだろうか。これには2つの判断があった。1つ目は、「貸借関係を終えた（十分な返済を受けた）」という判断である。つまり、借り手が長期にわたって真面目に利子を返済しており、元本が返済できなくても、利子分については規制超過分（元本の倍）を借り手に支払ったということで、貸借関係を打ち切った。この場合、元本の回収よりも、利子を受け取ることが大事となる。2つ目は、「借り手は、もはや元本を返済できない」と

参考図書　笠松宏至『徳政令』（岩波新書），岩波書店，1983年

いう判断である。つまり、利子分は何とか返済できるが、それ以上の支払い能力がなく、元本の回収は無理と考えるのである。その場合、貸し手は元本の回収を優先し、借金の担保を質流れにした。

貸し手はどちらの方法を選択することが正しかったのだろうか。実際のところ、どちらの事例も残っており、評価は難しい。利倍法の目的は、高い金利のなか、利子が元本の倍になった段階で質物の処遇を決める——ということだったのかもしれない。当時、律令の成立期にあったことを考えると、人々による金銭の貸借は重要な課題だったということであろう。

考えてみれば、現代においても借金で返済できなくなってしまう人は少なくない。その意味では、利子の返済限度額をあらかじめ決めておくことは大切なのかもしれない。

金融見聞録

「利子」とは，お金の貸借関係において，借り手が貸し手に対して支払う代価である。貸し手にとって，お金を貸したとして必ず返金されるかというリスクと，返却期限までに自身が金を必要とするというリスクがある。こうしたリスクを利子として支払うというのが考え方の基本である。

利子率が高い場合は，それだけリスクが高い証拠であり，利子率が低い場合は信用の度合いが高いことを示している。消費者金融は利子率が高いのに対し，メガバンクのほうは低いことは好事例である。また，国債の利回りでも，日本は低いがメキシコやブラジルなどの国々は高い。

また，元本1000円利子率10％とした場合、複利計算では1000×1.1＝1100→1100×1.1＝1210→1210×1.1＝1331…となるのに対し，単利計算では1000×1.1＝1100→1100＋100＝1200→1200＋100＝1300…という計算になる。

4 悔い返し──「やはり返して」が通用する

贈答品や相続した土地に関して、数カ月経ったあとに相手から「やっぱり返して欲しい」と言われたら、困惑するだろう。これが現代で通用すると、銀行は土地を担保に融資ができない。というのも、返済が滞り、担保物件で回収しようとしたら、債務者から「今は自分の土地ではない」ということになりかねないからだ。

悔《く》い返《かえ》しという言葉がある。読んで字のごとく、「悔いて返してもらう」という意味で、一度譲渡した財産や領地を譲り主が主張することで、取り戻すことができた。例えば、親が子どもに土地を譲り渡したとする。子どもがその土地で農業をしようと、耕地を開拓して稲を植えようとしていたら、「やはりその土地を返してくれ」と親から言うことができるということである。

この悔い返しについては、3代執権の北条泰時が中心となって編纂した鎌倉幕府の基本法典である御成敗式目にも、「親が息子に土地を譲ったとした証文があったとしても、この証文を取り消し、他の相続人に指定できる」と記されている。つまり、親から子どもに権利が譲られ、さらに幕府から安堵（公認）されたとしても、親の気持ちが変わった時には、幕府の安堵状を無効にすることができた。親の権利を優先した考えに基づいているといわれる。理由は、一度親が長男（子ども）に相続しても、その長男が大病を患ったり、戦闘などで大けがをしたりした場合、本人の意思にかかわらず相続の取り消しができないと家が相続できなくなるからである。

鎌倉時代、武家の結合の基本は、主従関係と家族関係であった。当時、親に対する「孝」、夫に対する「貞」は基本的な倫理観である。この倫理観にそぐわないと判断される場合、悔い返しは法律的にも認められていたのである。ちなみに当時は女性の地頭もいて、男女同権だったといわれている。また悔い返しもそうだが、土地問題などで訴訟が起き、勝訴したとしても、相手が従わない場合、力づくで奪い取る必要があった。

さて現代に戻ると、男性が別れた女性に対して、過去にプレゼントしたイヤリングを「返せ」と訴えても、返されなくて当然である。逆に「そんなの売ってしまった」や「ドブに捨ててしまった」などと言われても、反論の余地はない。なぜなら、今の社会では、悔い返しが認められていないからである。

金融見聞録

自力救済の社会…中世までの時代は自分で自分の身を守る自力救済の社会であった。土地問題でも自分が「正しい」と思ってもそれを立証するための資料は自ら集めなければならず、訴訟で勝っても相手が立ち退かなければ、力尽くで追い出さなければならなかった。「和与中分」や「下地中分」は、こうした紛争の妥協の産物であったのである。

伯耆国東郷荘《ほうきのくにとうごうのしょう》の下地中分絵図（一部）

5 備蓄銭──貯金箱の始まり

「花咲じいさん」の話を覚えているだろうか。飼い犬が「ここ掘れワンワン」と言うので、実際に掘ってみると金銀財宝がざくざくと見つかった、という昔話である。「そんな都合のよい話が現実にあるわけない」と思う人も多いはず。ところが、歴史をひも解くとそうでもないようだ。

実は、金や銀ではないのだが、銭がいっぱいに入っている甕《かめ》が土の中から多く見つかっている。そのうえ、甕の中に納められていた銭は良質なものが多く入っていた。これを「備蓄銭《びちくせん》（もしくは埋蔵銭《まいぞうせん》）」という。

備蓄銭は、1300年前後から急速に見られたがその理由はいくつかある。経済史の観点から述べると、「貨幣経済の浸透」という言葉で片付けられてしまうのだが、もう少し具体的な理由を探ることができる。

考えられる理由は、大きく2つ。1つは、「銭を蓄える」という考えが当時の人々の間に広まったこと。つまり、貨幣の特性といわれる「富の備蓄機能（価値貯蔵機能）」である 1参照。銭をすぐ使ってモノを購入するのではなく、より高価なモノを購入するため、甕に銭を蓄えるようになったのだ。これは、貯金箱の始まりともいえる。さらに、この時期、年貢を米など現物ではなく、銭で支払う「代銭納」が始まったことも深く関係しているのだろう。2つ目は、銭の価値の高まりがある。「銭貴現象《せんきげんしょう》」といわれるもので、国内に銭の流通が浸透したことによって、必要性が増した

参考図書　鈴木公雄『貨幣の地域史』岩波書店，2007年

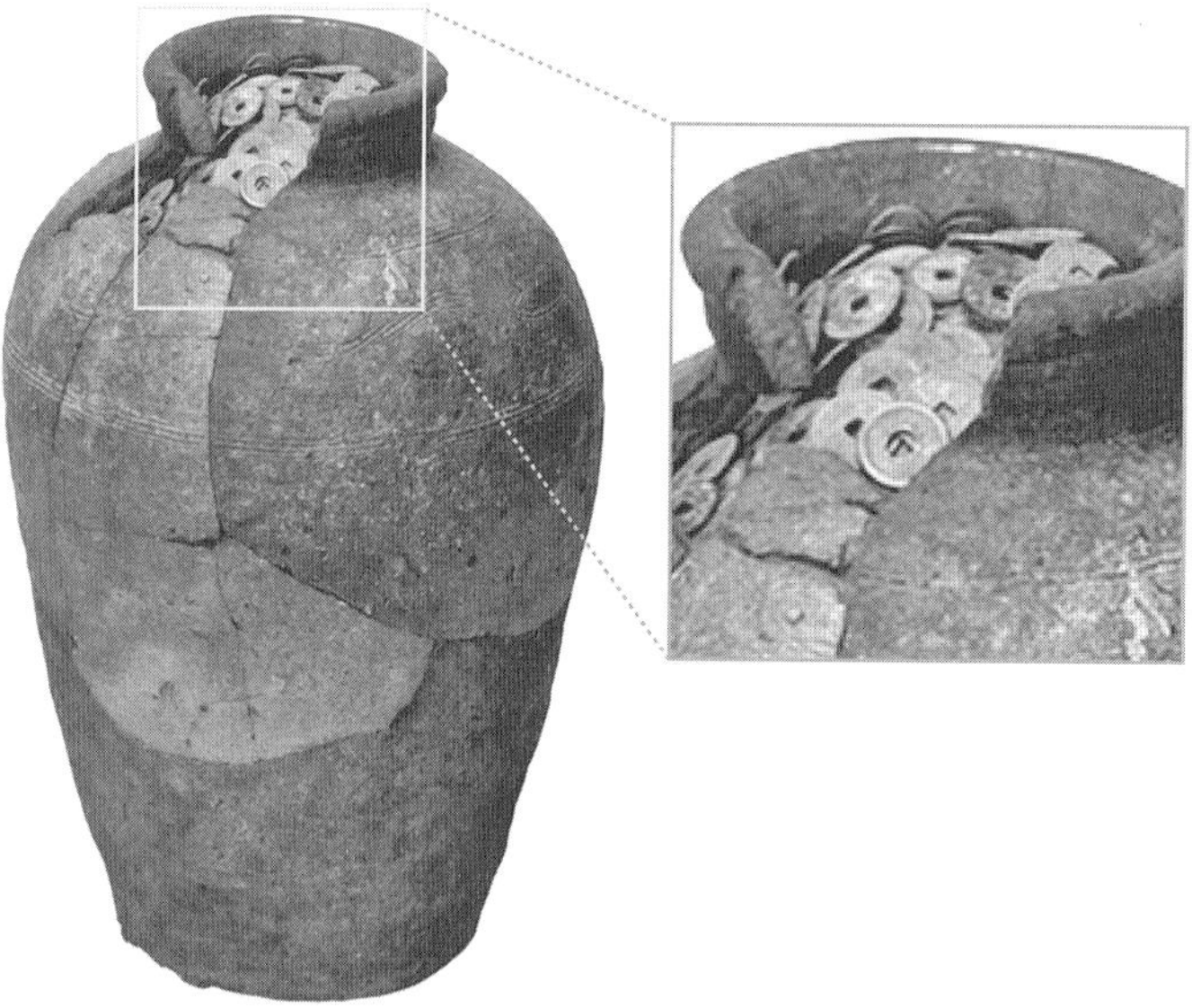

出土した甕と備蓄銭（西臼杵郡鞍岡村；現五ケ瀬町）　渡来銭など66種類の貨幣が約7700枚入っていた。
出所：日本銀行貨幣博物館

わけである。

　今日では使用しない現金は、銀行に預けるのが一般的。しかし、金融機関など預ける先がなく、さりとて、自宅に置いておくことが不安な場合、現金を甕に入れて土の中に埋めることは普通の考えだったのかもしれない。結局、それが隠し場所を忘れたり、突然死亡してしまうことで現在まで残ることになるのだろう。

6 銭緡―96文なのに「１００文銭」

室町時代から江戸時代にかけて、貨幣経済が浸透すると、銅銭１００文を１つの単位にして取引することが増えてきた。銭の真ん中には穴が開いており、そこに紐を通して一束にしていた。これを銭緡《ぜにさし》もしくは緡という。商売などで取引する際は、銭緡を一単位にして、渡すことが多かった。

ところが、「１００文銭なのだから、１文銭を１００枚束ねている」と思うのは間違い。実際に数えてみると、１文銭が96枚（室町時代は97枚）しかない。数え違いだと思って、他の銭緡を数え直しても、96枚という数は変わらない。だから、決して、「二、三枚適当に減らしていた」わけではなく、意図的に96枚にしていたのである。このように、96文を「１００文銭」として数えることから、九六銭《くろくせん》とも呼ばれていた。これは、たとえ銅銭が１００枚に満たなかったとしても「１００文銭」とする省陌《せいはく》または短陌《たんはく》という考え方によるもの。九六銭が定着したのは、室町時代から江戸時代。それ以前は、95文銭や97文銭だったりするなど、銭緡の数は明確ではなかった。

こうした慣習は日本だけでなく、中国にもあった。当時は、経済発展の早さに銅銭の流通量が追い付かず、それを補うために省陌が行なわれていたようだ。ほかには、取引する際の手数料分（４文）を除いた結果、96文銭になったという説や、「２、３、４、６、８」のいずれの数字でも割り切れ、都合がよいことから96文銭にしたという説もある。

話を現代に戻すと、例えば、イタリアなどの売店で買い物すると、釣銭が合わずに「誤魔化した」

と言って客が店員に怒ることがある。1円たりとも過不足なく、釣り銭の授受をしている日本人にとって、信じられないことであろう。しかし、それに対して、売店のイタリア人は悪気を感じている様子はないようだ。
現代においても、省陌の考え方が生き続けている、と言ったら言い過ぎか…。

銭緡　中世の渡来銭時代から，まとまった銭は使用しやすいように紐を通して授受していた。

枝銭　銭緡の一種で，鋳型に銅を流し込み，固まってから取り出したもの。

出所：日本銀行貨幣博物館

7 国質・郷質―「同郷」だからといっても…

例え話を1つ。

太郎兵衛さんは、京都の油屋で働いていました。出身は越後国の長岡村。太郎兵衛さんは故郷を誇りに思い、常日頃から京都の友人に長岡村の思い出話をしていました。ある日、友人から「そういえば、太郎兵衛は長岡村出身だったね」と聞かれたので「そうだ」と答えたところ「長岡村出身の五郎助という人物が、借金5貫文を返済せずに逃げた」というのです。そんな話を太郎兵衛さんは「ふーん」と聞き流していたら、「だから、太郎兵衛、お前が5貫文払えってことだよ」と言われました。太郎兵衛さんは驚きながら「五郎助なんて知らない」と言い返しましたが「だって同じ村の出身じゃないか」と言われ、周囲からも「そうだ、そうだ」とうなずかれる始末。太郎兵衛さんは、5貫文を支払わざるを得なくなりました。

中世では、ひとたび逃げてしまえば、行き先を探し当てることは至難の業。それだけに、同郷ということで、それ自体が担保になったのである。例え話のケースでは、貸手は対応の仕様がなかったとしても、太郎兵衛さんであれば、帰郷した時に伝手《つて》をたどって五郎助の親戚と巡り合って、5貫文を請求できるかもしれない。そういう可能性があったことが、金銭請求の背景にあったようだ。こうした貸借関係における一見理不尽な慣行は、中世では日常的にあった。近世に入っても同様のことは起きていた。貸借関係が行われて、未済の場合は「私的な差し押さえ（質取り）」が行われた。

それが、債務者と同じ国に属する場合は国質《くにじち》、同じ郷村に属する場合は郷質《ごうじち》、同じ町場や商工業者団体に属する場合は所質《ところじち》と呼ばれた。この話を考えるヒントを紹介しよう。たとえ、その人や組織のことを知らなかったとしても、今でも同郷や同国、同じ出身校ということで親近感がわいたり、応援したりするような経験があるだろう。また、全く関係ないはずなのに「彼は○○出身だから」などと、出身国や郷土などで説明することもあるだろう。今でもそうなのだから、中世では同郷や同国というのは、より近い関係があった。実際、戦国時代では、殺害された人の親族が、殺害した人と同国の出身者に対して恨みを抱き、報復として殺害するということがあったのである。全く関係がないのに、同郷というだけで仕返しの対象にされたわけだ。

8 徳政令—借金棒引きは「徳政」なのか

債務不履行（デフォルト）――。欧州債務危機におけるギリシャのデフォルトはよく知られたところである。

歴史をたどると、日本でも債務放棄を肯定した施策が存在した。徳政令《とくせいれい》である。徳政令とは、すでに締結されていた売買や貸借契約、まだ支払われていなかった年貢などの債務について無条件（実は条件を付すこともあった）で、破棄を宣言したものである。

鎌倉時代や室町時代の将軍の代替わり時や、飢饉などで政治が変革する時に多く出された。鎌倉時代では、元寇の際に発せられた弘安の徳政が有名である。室町時代になると、徳政令を要求する徳政一揆が行われた。これは、市中の人々が勝手に徳政と称して酒屋や金融業者を襲い、借金証文を破棄した出来事だ。嘉吉《かきつ》の徳政一揆も、六代将軍の足利義教が殺害された嘉吉の乱を契機に起きたものである。

ところで、徳政といえば、「仁徳のある政治」のことである。なぜ、債務放棄を認めたり、売却地を取り戻したりすることが、徳政と呼ばれるようになったのか。これは、「取り戻すことができない土地や、確実に保護されるべき債権は、ある契機によって本来あるべき姿に戻すことが正しい」という当時の人々の考え方に基づいている。つまり、全てのものを一新（復活）させて、正しい姿に戻すことを目的にしていた。こうした考えが、徳政令や民衆が起こした徳政一揆にもつながった

参考図書 笠松宏至『徳政令』（岩波新書）岩波書店，1983年

と言われている。

このようなケースは、世界史的にも多く見られるようだ。紀元前2000年の古代メソポタミア諸国では、不動産売買の無効や債務免除などがしばしば発令されていた。神々が定めた正しい秩序を復活させるという意味があり、この行為こそが神々の代理人である王の第一の責務ともされていた。例えば、中国では皇帝の即位の際などに、罪人を赦免する大赦が行われたり、滞納した租税や貸付債務を免除した。

最後に、これらの共通点を説明したい。確かに、時の政府がある契機によって債務不履行を容認するものであるが、その対象は民衆に限られている。決して、政府が自らの債務を償却するために、徳政令を出しているわけではない。「健全な財政」が本来のあるべき姿ではあるが、「借りたものは返す」ということも、また基本なのである。

借金を棒引きしてしまうと、どんどんお金の価値（信用）は軽くなってしまう。それは果たして⁇

金融見聞録

さまざまな徳政令

永仁の徳政令　1297年　鎌倉幕府が発した。質券売買他の取り戻し，利銭出挙の訴訟不受理など

建武の徳政令　1334年　債務解消の徳政令

嘉吉の徳政令　1441年　将軍足利義教が赤松満祐に暗殺された後，政局不安となったのを受けて徳政令

享徳の徳政令　1454年　債務額の10分の1（翌55年から5分の1）の分一《ぶいち》銭を幕府に納めることを徳政令適用の条件とした（分一《ぶいち》徳政令）

9 楽市楽座令—自由な活動こそが市場の本質

織田信長が都市振興策を意図して「楽市楽座令《らくいちらくざれい》」を発布し、商人を呼び込んだことはよく知られた話である。美濃国（岐阜県）加納市場、近江国（滋賀県）金森や安土など各地で楽市楽座令を発布した。もちろん、楽市楽座令は、織田信長だけが発布していたわけではない。北条氏政、徳川家康などの戦国大名も同様に楽市楽座令を発している。それでは、楽市楽座令とはどのような法令だろうか。そう言われると、あまり知られていないようである。

いやいや「それまでの中世の商業組織（座）にしばられず、誰もが自由に取引できる市場として、権力が保証した法令のこと」と回答する人もいるだろう。この回答は間違いではないが、正解ではない。それは「楽座令」の説明であり、「楽市令」の意味をとらえていないからだ。

楽市場について、具体的に紹介しよう。楽市場の住人は自由通行権を有し、通行税（関銭、渡し銭）などの税が免除されていた。また、市場外では敵味方であったとしても、市場内では敵味方の区別はなく、誰でも平等な立場で商売ができた。しかも、逃亡した人や犯罪人なども、市場の中では追及から免れることができた。極めつけは、市場外にあった債権債務関係も市場内にいる限り、消滅されていた。

極論を言えば、犯罪人や高額な借金を有している人であっても、楽市場に居さえすれば、追及を逃れることができたのである。いわば安全地帯のようなものである。

安土城址　安土城は織田信長の居城だったが，本能寺の変で信長が死去すると以後廃城となった。小高い安土山に築かれ，階段と石垣だけが面影をしのぶことができる。

楽市令の背景には、「市場とは、税金を始めとした権力（政府）の制度一切を取り除くべき」という考えがあった。つまり、「権力や商業組織などのしがらみにとらわれない、自由な取引が実現して初めて市場なのだ」という考えがあったのである。市場外の全ての利害や紛争を市場の論理に持ち込まない（ある意味、持ち込みたくない）というのが、本来の市場の姿ということなのだろう。

「楽」は、自由や自然という意味である。市場に対して、政府が補助金や制度による支援策などを講じるよりも、市場自身の秩序を尊重し、紛争などを認めず自由な取引を認めるほうが市場、引いては都市の活性化に寄与したのである。

10 撰銭令――混在する悪銭と良銭

「悪貨は良貨を駆逐する」――。これは金融のことを勉強している人間であれば知っているグレシャムの法則である。粗悪な貨幣と良質な貨幣が混在して流通すると、良質な貨幣は退蔵されるか、国外に流出してしまい、粗悪な貨幣だけが流通貨幣となるというものだ。これは金融の常識ともいえる。ただし、その常識は必ずしも事実とはいえない。撰銭令《えりぜにれい》を見ることで、それが分かる。

撰銭令とは、国内に悪貨と良貨が混在して流通していたことから、室町幕府や守護大名などが各種の銭貨の通用価値を決めた法令。ちなみに悪銭のことを鐚銭《びたせん》といい、「ビタ一文もやらない」という言い方は、このことを指している。

これまでこの法令は、悪銭と良銭が混在するなかで良銭を選んで利用するように指導したもの、と考えられてきた。グレシャムの法則のとおり、悪貨に駆逐されるのを防ぐため、できるだけ良貨を利用する施策だと考えられてきたのだ。つまり、読んで字のごとく、「銭を選ぶ」法律であった。

ところが「銭を選ぶ」法律であることは確かだが、史料を読むと「良銭を選ぶ」法律とは、どこにも書かれていない。撰銭令は、良貨と悪貨の貨幣間の交換率や良銭の基準などを示したもので、決して悪貨の使用を否定するものではないことがわかってきた。つまり、撰銭令とは「悪貨が良貨を駆逐する」のではなく、「悪貨も良貨も併存して利用する」政策だったわけだ。

それではなぜ、このような鐚銭が流通するようになったのだろうか。その大きな理由の1つが「メ

参考図書 桜井英治「中世の貨幣・信用」桜井英治・中西聡編『流通経済史』山川出版社, 2002年

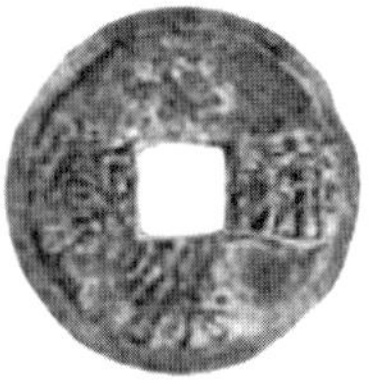

鐚銭　民間で随意に種々の方法（①渡来銭をそのまま型どり，②渡来銭の文字を改変して型どりなど）で作った鋳型によって鋳造された。

出所：日本銀行貨幣博物館

キシコ銀」の流通だ。メキシコ銀は16世紀前半からメキシコで鋳造され、東アジア一帯で使用されるようになった。このため、日本国内も中国銅銭経済圏から銀銭経済圏になってしまった。そもそも、中国で宋銭（銅銭）が使用されなくなれば（鋳造されなくなれば）、日本に宋銭が輸入されなくなるのは当然のこと。その結果、粗悪な銅銭が増加することになったのだ。

日本の裏側のメキシコでの出来事が、日本の経済にも大きな影響を与えた。まさに、「デカップリング」ではなく、「カップリング（連動）」していたわけである。

第1章の課題

課題1　「物々交換は不便のため、便利な貨幣を使用するようになった」。これは、常識的な理解ですが、実際には必ずしもそうとはいきませんでした。この点について、何故なのか、実際はどうだったのか、具体的に調べてみましょう。

課題2　現在では通貨を持たない国はほとんどありません。中世の日本において、自国の貨幣を持たないということは、極めて異質でしょう。その意味について考えましょう。

課題3　「徳政令」「悔い返し」など、現在から考えると特殊と思える慣習も、実は当時にとっては合理的な考えでした。どういう意味で合理的なのか、考えましょう。

第2章 金融史としての近世

「信用」の問いかけの時代

近世は安定した社会のなか、貨幣経済が浸透し、近代を準備するような信用制度が次第に整備される時代であった。

戦国時代、全国各地で金山、銀山が発掘された。豊臣氏、徳川氏が全国を掌握すると、各地の金山・銀山を天領として掌握する。天領として掌握するということは政権が貨幣発行権を握ることを意味したのである。

豊臣政権は、「黄金の茶室」「金賦り《くばり》」「太閤分銅《ふんどう》金」など、その権威を黄金を通じて見せようとした。それに対し徳川政権は、金貨・銀貨を鋳造することで、強大な財政基盤を構築する。当時、世界有数の採掘量を誇った日本の金・銀は貿易のために海外へ

1587年	●豊臣秀吉、天正通宝（金銭、銀銭）を鋳造
1588年	●秀吉、後藤徳乗に命じ天正大判を鋳造
1595年	●徳川家康、京都から後藤庄三郎光次を招き、駿府・江戸で武蔵墨判小判を造らせる（金座設置）。1600年に佐渡、京都にも金座を設置
1600年	●このころ、伊勢山田地方で山田羽書が流通
1603年	○徳川家康征夷大将軍に任じられる
1612年	●江戸に銀座が開設される（それ以前は、駿府。1601年に伏見に銀貨鋳造所を設置したのが始まり）
1639年	○ポルトガル人の来航禁止（鎖国制の成立）
1687年	●荻原重秀勘定吟味役となる（1695、元禄金銀の通用を布令）

流出する。経済規模が大きくなるにつれ金貨・銀貨が不足したため、江戸幕府は金銀の含有率を引き下げたり、西日本の藩を中心に藩札発行（紙幣）を認めるようになる。

藩札発行は、各藩にとって殖産興業を推進したが、逆に藩札を大量に発行することで金融危機や藩内の混乱を招くこともあった。堂島米市場で先物取引が始まり、地方では土地が質入れされるようになる。藩札の問題も含め、貨幣のもつ「信用」のあり方が揺れ動いた時代でもあった。

貨幣を常に持ち歩かなくても、相互の信用があることで物を買えたり売ったりすることができる。貸借関係、手形（為替）、先物取引、売掛け、買掛けのほか、融資や担保、保険なども信用を前提として成り立っている。

1697年　●大坂の米市が堂島に移転
1707年　●札遣い停止令（藩札停止令）
1713年　●新井白石、貨幣改鋳の意見書提出。翌年、正徳金銀改鋳
1715年　○海舶互市新例（長崎新令、正徳新令）を発す
1716年　○徳川吉宗将軍となる
1719年　●相対済令
1730年　●札遣い禁止令を解除（藩札発行を認める）。堂島米市場で帳合米取引（帳簿上で行う一種の先物取引）が認められる
1772年　○田沼意次が側用人から老中になる
　　　　●南鐐二朱銀を発行
1787年　●松平定信老中となる（寛政改革）
1854年　○日米和親条約を締結
1867年　○大政奉還、王政復古の大号令

●金融史事項
○通史事項

11 埋蔵金の行方は──分銅金という金塊

かつて世間を騒がせた「徳川の埋蔵金」。しかし、結局見つからず、最近は話題にのぼることもなくなった。そもそも「徳川の埋蔵金があるかもしれない」という根拠は何なのか。

それは、徳川家の権力基盤である。徳川家は金山や銀山を豊臣政権から引き継ぎ、「天下の山（天領）」として掌握し、長崎貿易なども独占した。さらに、重要都市も支配地として編入させた。ところが、明治維新政府が江戸城開城の際に御金蔵（金庫）を開いてみると、お金が全くなかった。そのため、「誰かが徳川の財産を隠したに違いない」との見方につながったわけだ。埋蔵金の有力な場所として群馬県が候補に挙がったことがあるが、これは幕府の勘定奉行として権勢を誇っていた小栗上野介《こうずけのすけ》の知行地だからに他ならない35参照。

一方、天下統一を家康よりも早く成し遂げた豊臣秀吉はどうだったのか。死去した秀吉は、幼少である秀頼のために「難攻不落の大坂城と黄金財宝を残した」といわれている。これは事実で、最も高価な遺産は金を分銅の形に整えた「分銅金」であった。秀吉は生前、これを大量に鋳造したといわれている。故に「太閤分銅金」とも呼ばれる。

分銅金が1つあれば、金の大判を960枚ほど鋳造できたという。ちなみに大判1枚は金10両に相当する。つまり、分銅金1つで約1万両に値する計算だ。1万両もあれば、例えば、1万人が1年間に必要な米を購入できるのである。

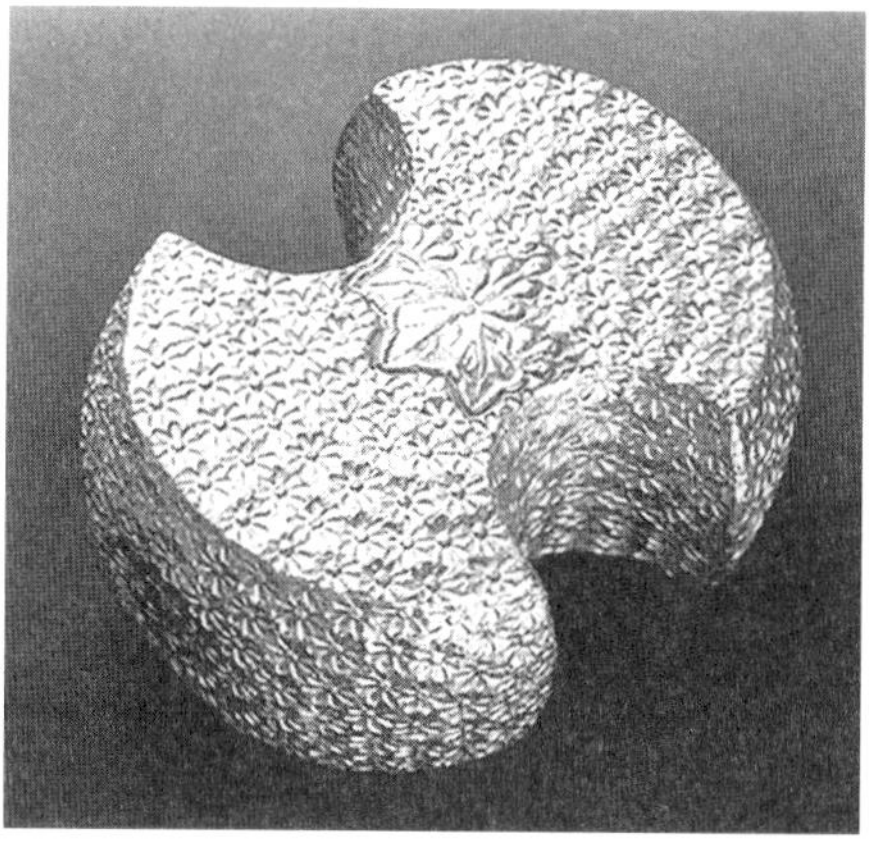

分銅金　法馬金とも呼ばれ，重さは375g（100匁）で純度は約95%。
出所：日本銀行貨幣博物館

また、分銅金は歴史的な事件の引き金にもなった。京都府にある方広寺は、大仏殿を再興するため、分銅金の一部を潰して資金をつくった。しかし、大仏開眼供養と堂供養の際に、徳川家から巨鐘の鐘銘の文言について指摘があった。それは「『国家安康』は、家康を『安』の字で分断している。また、『君臣豊楽』は豊臣を君として楽しむという意味がある」というものだ。この事件が、豊臣家と徳川家の間に決定的な亀裂を生み、大坂冬の陣につながったのである。

豊臣家は大坂冬の陣や夏の陣において、分銅金を潰して資金をつくり、多くの浪人を集めたといわれている。しかし、大坂城が落城すると、分銅金は徳川家のものになった。

分銅金は、有事の際の資金源として江戸時代になっても鋳造された。幕府は、江戸城内の2カ所の御金蔵に金分銅11個と銀分銅29個を収めていたが、幕末の動乱期に失われたとされている。

果たしてその行方は…。

12 保険の始まり――投機か保険か

日本では、安土桃山時代から江戸時代初頭にかけて呂宋《ルソン》（フィリピン）、交趾《コウシ》（ベトナム）、暹羅《シャムロ》（タイ）など東南アジア一帯と貿易をしていた。これが朱印船貿易である。現在の東南アジアは身近な存在となっているが、当時ははるか遠くの国々であった。

朱印船貿易を行う際、商人と船主との間で借用証文が取り交わされた。借用証文は古くから存在するものであるが、この時の借用証文には興味深い点が2つある。

1つ目は、船主が商人から借金する際の利率が2割5分～9割と非常に高いということである。利率は借り手の信用度合いによって幅があるものの、いずれも高率であった。

利率が高いのは理由がある。船主は危険を冒して遠方に出るわけだ。多額の資金も必要になる。無事に帰国できれば、膨大な利益が得られる。高額の利子でも、支払いは可能というわけだ。

2つ目は、貿易船として出航し帰国しなかった（難破した）時は、借金返済の義務はない。船主にとって、難破した場合、あるいはなんらかの理由で帰国できなかった場合に、借金だけが残るのはたいへんなリスクである。借用証文には、帰国しなかった場合の借金返済の免除がしっかり記載されていた。実は、朱印船貿易の際の借用証文には、商人と船主との間のお金の貸借（金融）関係だけでなく、難破などによる海難への負担関係も示されていた。高い利率には、海難への負担も盛り込まれていたのである。

現代で言えば「ハイリスク、ハイリターン」であり、当時は投機的な意味合いから「投《な》げ銀《がね》」、「抛銀《なげがね》」、「海上銀」ともいわれていた。歴史的には、この「投げ銀」こそが、日本における保険の始まりとされている 47参照 。

ちなみに、借用証文の貸し手には豪商や糸割符《いとわっぷ》商人だけでなく、大名や日本在住のポルトガル人などもいた。リスクを覚悟して、高いリターンを得ようとした人たちがいたわけだ。他方、借り手には朱印船貿易家や日本在住の華僑、中国人、ポルトガル商人、日本イエズス会などがいた。

また、借用証文の契約は1対1という形だけでなく、資金の出し手を複数人で分担することもあった。投機的な意味合いはあったものの、こうした借用証文が、貿易で一攫千金を狙おうとする人たちを支えたともいえるだろう。

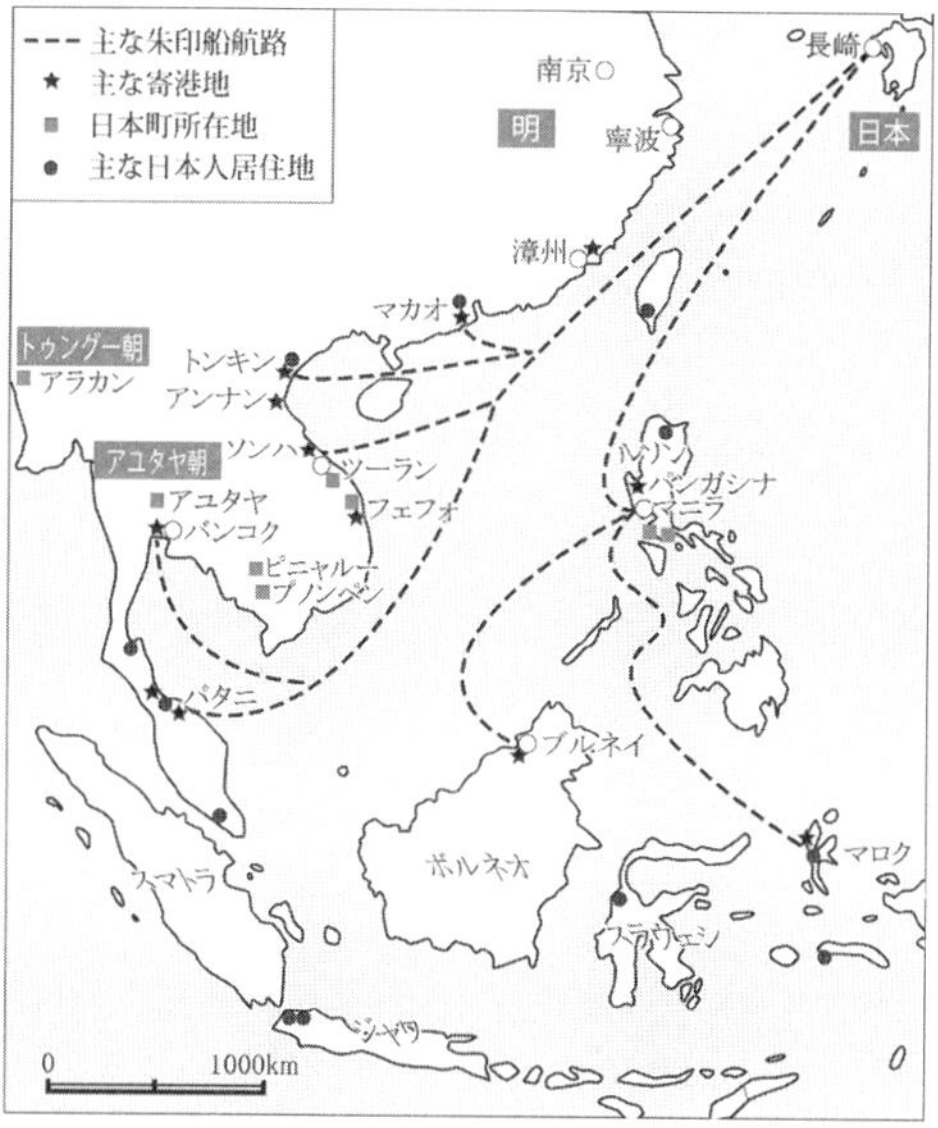

朱印船貿易

金融見聞録

朱印船…朱印状を受けて外国との貿易に従事した船。許可状に朱印が押されていたことから朱印船という。鎖国により全面的に禁止された。朱肉を使って押す朱印で、略式の黒印《こくいん》と区別される。

13 包銀――両替商の信用で流通

「円高、ドル安」など為替の変動が新聞紙上を賑わせている。しかし、国内にいると、円安や円高という実感がなかなかわかない。ところが、歴史を振り返ってみると、国内でも通貨交換がなされていたのだ。

例えば、江戸時代では、金貨、銀貨、銭貨の3つの貨幣が一緒に流通していた。これは三貨制度といわれ、幕府は金1両＝銀50匁《もんめ》＝銭4貫文《かんもん》と交換比率を定めていた。その後、元禄期に金1両＝銀60匁となり、近世後期には金貨と銀貨の交換比率は変動相場になっていく。

金貨は東日本を中心に流通し、銀貨は西日本を中心に流通していた。そのため、実際は金貨と銀貨が各地で交換されることはあまりなく、銭貨との交換が主だった。むしろ、庶民が使用する貨幣は金や銀よりも銭の場合が多かった。

金貨の交換比率は1両＝4分《よんぶ》＝16朱と4進法であった。ちなみに石一両《こくいちりょう》といわれるように、金1両は米一石（1人当たりの年間米消費量）を購入できた。一方、銀貨は1匁＝10分《ふん》＝100厘と10進法である。また、銀貨の場合、重量でも判断することから、秤量《しょうりょう》貨幣ともいわれている。

これらの事実は、よく知られているが、高校の先生などからしばしば質問されることがある。「銀貨は秤量貨幣というけれど、常に天秤で量っていたのか」「そもそも天秤を持ち歩いていたのか」と。確かに不思議である。実は、銀貨にも南鐐《なんりょう》二朱銀という計数貨幣があり、南鐐二朱銀8個で1両に

明和南鐐二朱銀　「南鐐」は良質であることを示す。

銀五百目包み　包みを開封せずそのままの状態で流通した。

出所：日本銀行貨幣博物館

相当していたという記録がある。しかし、これが鋳造されたのは、安永元（１７７２）年で江戸時代の後半のこと。では、それ以前はどうしていたのか。

それまでは、銀貨を紙で包んだ「包銀《つつみぎん》」というものがあり、その包み紙に金額が上書きされていた。もちろん、この包銀の金額の上書きは、個人ではなく、銀の鋳造や売買を行う銀座や両替商の責任で記したものだ。現代であれば、中身を確認したうえで受け取るのが当たり前。しかし、当時は包み紙を開けずに授受がなされていたのだ。つまり、包み紙自体が信用されていた。このように銀貨は、秤量貨幣といわれていたが、天秤で量ることは、ほとんどなかったのである。

14 貨幣改鋳──荻原重秀は失政をしたのか

江戸時代は、幕府が発行した金貨や銀貨、銭貨が流通していた。当時日本は黄金の島ともいわれ、金や銀は世界でも有数の採掘量を誇っていた。しかし、次第に国内の資源が枯渇し、さらに貿易によって金銀の海外流出が進むなど、問題が深刻化していった。

この対策に悩んでいた幕府は、勘定吟味役として荻原重秀《おぎわらしげひで》を抜擢した。これは、元禄8（1695）年、荻原は慶長金銀を改鋳して元禄金銀を発行する貨幣改鋳を提言した。これは、金の含有量（純度）が87％の慶長小判から、同57％に減らした元禄小判を改鋳するもの。その〝浮かせた金〟を出目《でめ》（改鋳益金）として幕府の財政に充てた。実際、元禄8（1695）年から元禄16（1703）年までの9年間で452万両の出目を得たといわれる。当時は、1両で米一石（1人当たりの年間米消費量）が買えただけに、その利益は膨大だった。

しかし、この貨幣改鋳は失敗したといわれる。というのも、新しい小判は貨幣の信用が失われたからだ。そのため、価値は下がり、慶長小判と元禄小判の交換は進まず、流通がうまくいかなくなった。このため札遣い停止令（藩札停止令）を発し、貨幣流通の促進を目指したが、それでもうまくいかなかったようである。さらに、物価高騰も招いた。悪いことは続く。荻原が実権を握っていたとき、多くのわいろが横行した。結局、これが原因で失脚。新たに登場した新井白石《あらいはくせき》によって、宝永小判で金の含有量が元に戻された。

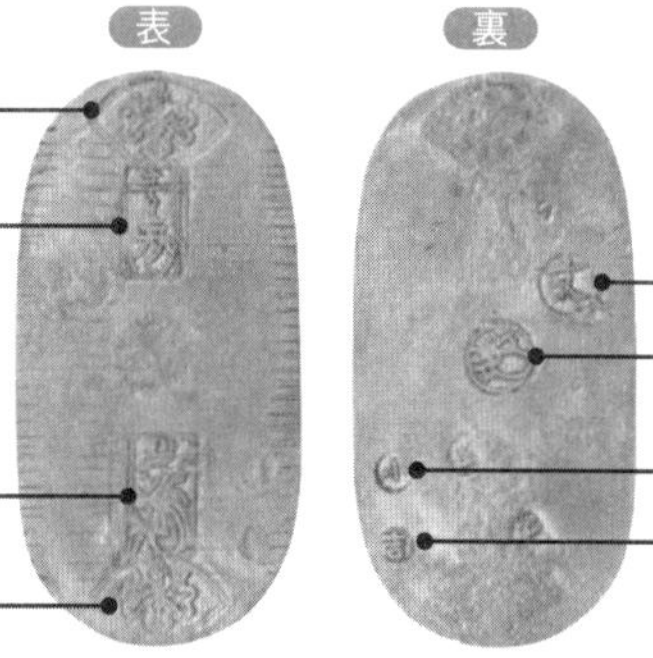

貨幣の品質を保証する極印

出所：日本銀行貨幣博物館，金融研究所『金融研究』18巻4号

この貨幣改鋳は、生類憐みの令と並ぶ失政といわれる。だが、それは本当だろうか。幕府財政という面から見ると、貨幣改鋳で得た出目によって財政が改善された。また、貨幣は、享保小判までは金の含有量が87％と慶長小判のときの高品位に戻されたが、金銀採掘量の減少の影響もあり元文小判は66％、文政小判は56％と、元禄小判と同じ品位に落ちている。

そして何より注目すべきは、この施策が日本経済の規模拡大に対応していた点である。元禄期は〝元禄バブル〟ともいわれ、豪商たちが大名貸しを行い、上方（京都・大坂）を中心に経済が活況を呈していた。この流れをより推進しようとしたのが荻原だった。貨幣は、金銀のように貴金属の信用に依存するのではなく、国家の信用に依存させようとした。まさに現代に通じる考えである。

荻原の判断は、時代を先取りしたのかもしれない。あなたはどう評価するだろうか。

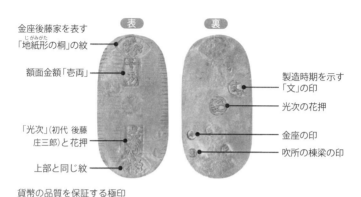

15 藩札発行―名声を博した大石内蔵助

「財政と金融の分離」という方針のもと、政府と日本銀行は、別々の経済政策を行う。財政が不足した場合、政府は国債を発行するなど財政政策をとる。一方、日本銀行は経済の規模に応じて通貨発行量を決めるなど金融政策をとる。それぞれが別々に対策を講じることが原則になっている。

江戸時代では、経済の規模が拡大し、貨幣量が追い付かなくなると、幕府は諸藩に藩札発行を許可した。このとき幕府は、諸藩から藩札の発行額を事前に届けさせた。しかし、それぞれの藩では十分な支払い準備金（金貨や銀貨で換金できる能力）を持っていないにもかかわらず、届け出額以上の藩札を発行した。そして、藩内では、藩札しか使用を認めず（銭貨の使用は認められていた）、藩外へ出るときに、金貨や銀貨との交換を行った。

ここで逸話を紹介する。「忠臣蔵」で有名な赤穂藩《あこう》。藩主の浅野内匠頭《たくみのかみ》が、吉良上野介《こうずけのすけ》を江戸城内松の廊下で切り付けたことで切腹を命じられ、赤穂藩がお取り潰しになった時のことである。藩が取り潰されたということは、会社が倒産したことと同じである。藩士は浪人となり、もちろん、発行していた藩札も紙切れになった。藩札の負債は、次の藩主には引き継がれないからだ（浅野氏のあとは、烏山藩《からすやま》の永井氏が赤穂藩を引き継いだ）。この時、筆頭家老であった大石内蔵助《くらのすけ》は、表書きの6割で銀貨（正貨）との交換を指示し、経済の混乱を避けるように努めた。それだけに、当時、内蔵助は「さすがは大石」との声を集めた。元禄14（1701）年のことである。忠臣蔵の一場面

大石内蔵助　泉岳寺（東京都港区）にある銅像。

岡島八十右衛門　大石神社（兵庫県赤穂市）前に立つ像。

として、四十七士の一人であった岡島《おかじま》八《や》十右衛門《そえもん》は札座《さつざ》勘定奉行として藩札引き換えにあたり、大野九郎兵衛《くろべえ》と対立した話は知られたところである。

宝永4（1707）年、幕府は全国に札遣い停止令（藩札停止令）を発した14参照。そのため、各藩では大混乱に陥った。例えば、広島藩の場合、藩札の表書きの4割程度で銀貨（正貨）と交換されている。その意味では、お取り潰しにもかかわらず6割を領民に分け与えた赤穂藩の事例は特筆すべきだろう。内蔵助が名声を博したのは、納得いくことかもしれない。

16 三井高利の言葉――語り継がれる創業者の知恵

三井高利《みついたかとし》（1622～94）といえば、三井家事業の創始者として知られ、元禄時代の代表的な豪商の一人である。京都、大坂、江戸の三都に呉服店や両替店を創業した。生家である伊勢国の松坂では金融業で成功し、江戸では越後屋《えちごや》呉服店で成功を収めた。

越後屋呉服店では、当時では画期的な正札販売を採用した。「どんな客に対しても、同じ値段で販売する」というものだ。呉服は種類や生地の品質が多様なため、素人客が価値を見定めることは難しい。当時の一般的な呉服店の場合、素人客にはいいかげんな値段で販売し、玄人客には適正価格で対応することが多かったようだ。越後屋呉服店の正札販売によって、地方の人びとや、あるいは目の不自由な人が来店しても、適正価格で購入できるようにしたのである。

ほかに薄利多売、現金掛け値なし、店頭販売、衣装の即時仕立てなど当時の主流の販売方法とは真逆の商法を実践して、多くの客を呼び込んだ。また、こうした斬新な商売姿勢が原因で同業者から反発を招いている。便所を高利の店の台所に向けて作られるというような嫌がらせを受けた。結局、江戸駿河町（現日本橋室町）に両替店と共に移転する。その後、京都、大坂にも出店し、幕府の御為替御用《おかわせごよう》を務めると、幕府から巨額の資金を預かり運用し巨万の富を築いた。

高利の三男である高治が製作した『商売記』は、高利の商才を称賛し、子孫に伝えることを主な目的としたものである。三井家の家憲《かけん》の1つで、享保7（1722）年に完成した。

参考図書
三井文庫編『史料が語る三井のあゆみ』吉川弘文館，2015年
大隅和雄他『知っておきたい日本の名言格言事典』吉川弘文館，2005年

三井高利　功績を紹介するパネル（日本橋三井タワー前）。

特筆すべきは、次の一文である。

　武士の上には文武両道、商人の上には商《あきない》始末《しまつ》両道欠候ては、鳥の翼一方無之同前、始終立身不成由被仰候事。

意味は、〝武士の場合は学芸と武道の両方が優れていなければならない。これと同じように、商人の場合は商いと始末（倹約）の両面において優れていなければいけない。このいずれかが欠けてしまうと、鳥の翼の一方が失われると同様に、成功することは難しい〟というものである。

　元禄時代の豪商といえば、材木問屋で蓄財した紀伊國屋文左衛門《きのくにやぶんざえもん》や奈良屋茂左衛門《ならやもざえもん》などが有名だ。しかし、いずれも贅沢の限りを尽くして一代、二代で没落する。高利は、こういった豪商たちの姿を目の当たりにしていたからこそ、子孫には商売だけでなく倹約にも励むよう戒めたのである。創業者として資金や組織だけでなく、思想（理念）に至る多方面において基盤を築いたのである。

17 「服装」が持つ力―ファッションより格式

制服を着用することで、相手に安心感を与える職業は数多い。金融機関もそのうちの1つだ。バブル崩壊後、経費削減で制服の廃止が相次いだが、顧客に対するイメージや組織の一体感を高めるため、復活させた金融機関は少なくない。

日本の歴史を振り返ると、商売において服装に意味を持たせていたことが分かる。江戸時代は、店舗で年功序列制を明確にするため、衣服の素材や持ち物などに細かな定めがあった。今回は、越後屋《えちごや》（現三越）、大丸屋（現大丸）と共に江戸三大呉服店の1つである白木屋《しろきや》を例に紹介しよう。

白木屋の店員は、子どもの時から奉公人として仕え、次第に「格」を上げていった。子どものうちは木綿の小袖《こそで》、単物《たんもの》、袷《あわせ》（裏地のある着物）を〝制服〟として店から与えられ、それ以外は持つことができなかった。元服すると、風呂敷《ふろしき》、印判、巾着《きんちゃく》、紙入れの4点が貸与された。また元服翌年になると、単物などをこしらえることができ、さらに翌々年には「羽織格《はおりかく》」といういわば役職が付き、単羽織《ひとえ》や袷羽織を作ることが認められた。

入店して9年目には「青梅格《おうめかく》」といわれた。このとき、冬小袖や袷羽織に青梅藍縞《おうめあいじま》が許された。12年目になると「太織格《ふとおりかく》」となった。袷羽織に無地太織が許され、単羽織や冬小袖が加賀秩父絹、帯も縮緬《ちりめん》となり、銭入れや胴乱（腰にさげる小物入れの袋）も持つことが許された。15年目になると「紬格《つむぎかく》」になり、綿入羽織を常時着用することが許された。黒縮緬《くろちりめん》の角頭巾をかぶったり、脇差を

参考図書　林玲子『江戸・上方の大店と町家女性』吉川弘文館，2001年

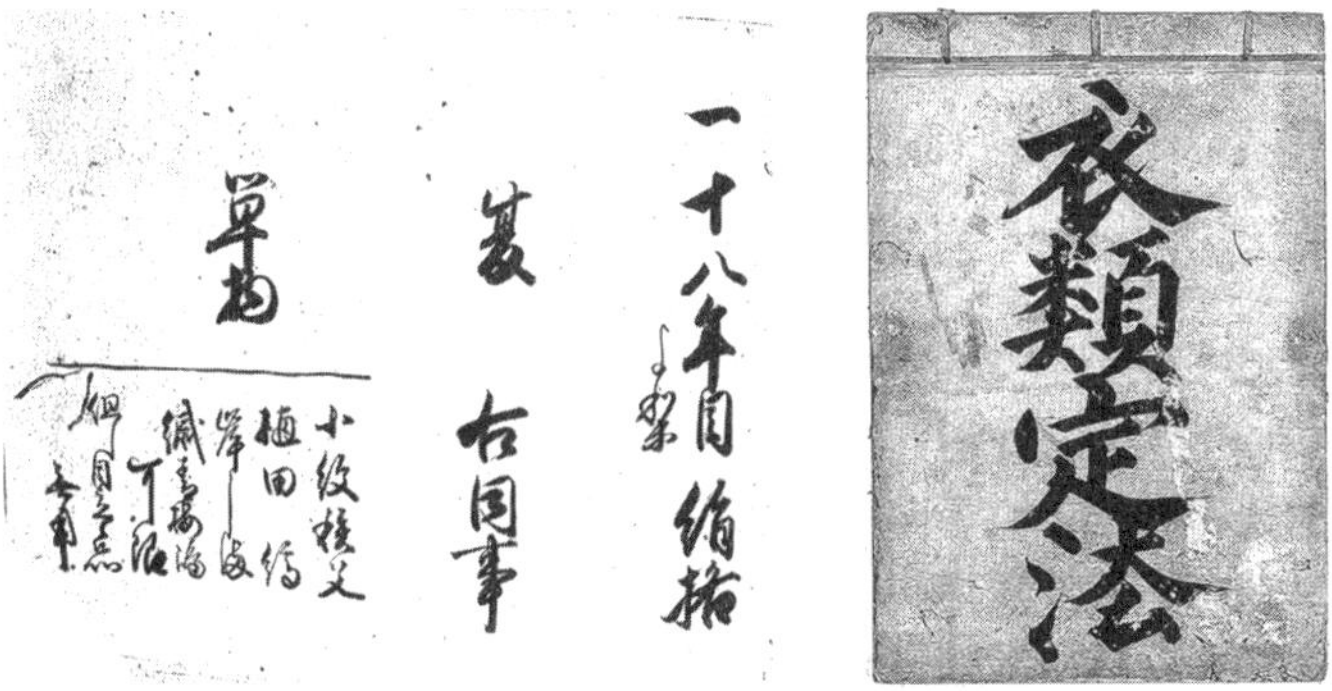

白木屋『衣類定法』 細かな服装規定が記されている。
出所：東京大学経済学図書館経済学部資料室

用意したりすることもできた。18年目には「絹格《きぬかく》」に昇格。冬小袖には絹郡内や越後紬縞《えちごつむぎじま》が認められ、袷羽織には絹秩父小紋、単物には秩父小紋、襦袢《じゅばん》は絹袖、帯は琥珀《こはく》などそれぞれ高価な素材が使えるようになった。

白木屋江戸店の最高役職である「支配役」になれば、木綿太織、越後縮を常時着用することが許され、革緒《かわお》の下駄《げた》や雪駄《せった》を履くことができた。ここまでくると、江戸の町で羨望の的となったのである。

白木屋では、こうした規定を店員に守らせるため、所持品検査を行っていた。店員のなかには、こしらえた服を店外の人に預かってもらい、検査を切り抜けたこともあったようだ。

現在では、進学や就職の際に制服を気にする人も多い。江戸時代はそうした自由がなかったわけだが、逆をいえば、木綿太織や越後縮を着ることを目標にして、仕事に精を出していたともいえるだろう。

18 水塩入銀―先物取引の始まり

「水塩入銀《みずしおにゅうぎん》」――。全く聞きなれない言葉だろう。これは近世の安芸国《あき》（広島県）竹原塩田《たけはらえんでん》で行われていた商慣行の1つである。文字から判断して「水塩（海水）の時から銀貨を入れる（納金する）」ということか。実際、製塩活動を行わない時期に送金されている。

近世後期の「大福帳」を見ると、商品は砂糖、干鰯など商品名で書かれることが多いのだが、塩だけは「赤穂《あこう》」「斉田《さいた》（徳島）」「竹原」など産地名（銘柄）で記載されている。それだけ、消費者には塩の産地が親しまれていた。

竹原塩は、近世初期江戸でも多くみることができ、近世中後期になると、北陸や東北、北海道（松前・江差）などにまで運ばれた。竹原塩は、塩田の浜主が自前の船を有していなかったので、北前《きたまえ》船《ぶね》の船頭たちが寄航し取引することで各地に送られたのである。竹原塩田の浜主は、塩を売る代わりに塩田で働く浜子の食料用として米を購入し、一方、北前船の船頭たちは米を売った返り荷として塩を購入した。注目すべきは、この時の取引方法である。普段は竹原塩田内に集められた問屋と北前船の船主が、相対《あいたい》（相談）で価格を決めることが多い。ただ、冬になると日本海が荒れるため、北前船は出航するのが難しく、休航してしまう。

北陸・東北地方、そして北海道は塩を大量に消費する。食用として直接使うだけでなく、漬け物用や魚の塩漬けなどで使用する。このため、春になれば大量の塩が必要になる。このような事情か

入浜塩田　近世に成立した入浜塩田は1950年代中頃まで続いた。作業は朝5時から夕方まで続く。
出所：竹原市教育委員会

ら、塩をあらかじめ購入・確保する方法が水塩入銀であった。
水塩入銀として事前に購入した塩について、北前船主は春先の初釜（塩田開始）から11月の塩田終了までの間に引き取りに来ればよかった。それ以降になると、塩田の浜主が勝手に売り払ってもよいとされていた。

このように、もともと水塩入銀は、北前船の人々が塩を確実に入手するための方法であった。しかし、近世中後期以降になると、塩田の景気が悪くなり、塩田の浜主は浜子の賃銀や塩田開始の準備金などで現金が必要となり、事前に塩を売るようになっていた。こうした場合、塩価は安く叩かれることもあった。

この水塩入銀は、事前に塩を確保する（支払いはまだ）という点で先物取引である。水塩入銀が少なくとも元禄期に行われていたとすると、堂島の米市場よりも先に先物取引が存在していたことになる19参照。堂島米会所が世界で初めて先物取引が行われた場になった背景には、基礎となる商慣行があったのである。

19 大坂堂島の米市場―世界に広がる先物取引の発祥地

原油価格の変動が毎日のように取りざたされている。背景にはさまざまな理由があるが、その理由の1つとして投機マネーが影響している。原油の先物取引が、価格を不当に乱高下させているのだ。

先物取引は日本において、ハイリスク・ハイリターンという印象が強く、財テクを好まない慎重な国民性の日本人には受け入れられにくい。ところが、世界で初めて先物取引が行われたのは日本といわれる。享保15（1730）年、大坂堂島米市場で幕府から延売買《のべばいばい》が公認されたのが始まりだ。延売買とは、即時決済をするのではなく、日延べして期限を定めて売買契約を行い、期日に至った段階で商品と代金を授受する取引のこと。つまり、今日の先物取引である。当初、幕府はこうした取引を認めていなかったが、次第に認めるようになった。それはなぜか――。

江戸時代は幕藩《ばくはん》体制といわれ、地方では藩が治世を行っていた。藩の主な財源は、領地の農民から年貢として納められた米。当然、その米を現金やほかの商品に替える必要があり、天下の台所といわれ、さまざまな商品が全国から大坂に運ばれた。

米は秋に収穫され、年貢として納められるのは秋から冬。この時期は全国から大坂に米が集まるため、米の相場が下がる。逆に米が不足する春から夏は、米の相場が上がる。

当時は、8代将軍徳川吉宗の時代。吉宗は、米公方や米将軍などと言われたように、米相場に悩

堂島米市場跡地にある石碑（大阪市）

まされていた（20参照）。仮に、米の値段が高騰すると、庶民の生活に大きく影響する。半面、米の値段が安すぎると、幕府や藩など米を現金化していた侍身分の人々に影響をもたらす。それだけに米価の安定が不可欠だった。

幕府が米の先物取引を認めることで、商人は米価が安い時に、事前に買い付けることができた。幕藩体制が存続する限り、特定量の年貢は必ず大坂に送られてくる。米価が高い時期と、安い時期の値段を平準化することを可能にしたわけだ。

今日、先物取引は物価高騰の原因の1つともされる。もともと物価の安定を期待した政策であったのだ。

金融見聞録

知っておきたい取引用語。

【売掛け】 代金をあとで受け取ることを前提に商品を売ること（商品は相手に，お金は未払い）。

【買掛け】 商品は受け取り，代金は後日支払うこと（商品は自分の手元に，代金は未払い）。

【先物取引】 商品も受け取らず，代金も支払わず。将来に対して，売買すること。ただし，先物取引の場合，商品などの受渡しはなく，先物価格と現物価格の差金が授受される（お金だけが動くので取引所で取引）。

【先渡取引】 商品も受け取らず、代金も支払わず。将来に対して，売買すること。先渡取引の場合，商品などの受渡しが行われる（個人的な関係でも約定が成立すれば可能）。

20 米将軍の悩み――米遣い経済からの転換

日本史の業界でこんな話があった。空欄を補充する問題で、「八代将軍の徳川吉宗は当時、〇〇将軍と呼ばれていた」という問いに対して、「暴れん坊将軍」と答える人が多かった。確かに徳川吉宗はTVドラマに取り上げられるなど馴染み深い存在であった。享保改革を推進した人物として知られ、名裁判官と言われた大岡越前守を抜擢した。さらに目安箱を設置して庶民の意見にも目を配るなど、多くの人々に親しまれた人物で、徳川幕府中興の祖とも称される。しかし、暴れん坊将軍は不正解。正しくは米将軍である。

徳川吉宗が、米将軍と言われた理由はいくつかある。穀物増産政策を基調とした新田開発政策の推進や、石高の1％を納めることで参勤交代を緩和する上米の制を実施した。だが、享保の大飢饉が起きたことで、思惑がはずれ、米不足に悩まされた。

実はこの時もっと大きな問題が起きていた。米の価格が安くなり、そのほかの諸物価が高くなったのである。それまでは米遣いの経済といわれ、米の価格に諸物価が連動していた。現代の感覚では、生活必需品である米の価格が安くなるのはよいことだと考えるが、当時はそうではなかった。なぜなら、支配階級である武士の給与は、米で支払われていたからである。

つまり武士にとって、米の価格が安くなり、諸物価が高くなるということは死活問題であった。史料によると、当時の様子を「米価安之諸色高」という表現で叙述している。かくして徳川吉宗は、米価の変動に一喜一憂することになった。

一方、江戸町奉行所の大岡越前守もこの問題に苦慮したようだ。江戸の商人を集めて、諸物価の高騰の原因について追及している。江戸の商人は、「物が不足すれば物価は高くなる」と、常識的な回答を示している。大岡越前守はこの問題を検証するため、江戸への入荷量を調査する。

以来、各地では五穀（米、麦、粟、豆、黍、または稗）以外の利益率の高い商品作物（菜種：油の原料、木綿、甘蔗《かんしゃ》：砂糖きび、櫨《はぜ》：蝋燭《ろうそく》の原料など）を生産するようになり、各藩も奨励した。やがて、豊かになる藩や農民が出てきたのだが、幕府自体は豊かになることはなかった。こうして、幕府を頂点にした社会システムに地殻変動が起こっていくのである。

徳川吉宗（和歌山県立近代美術館前）

ちなみに、時代劇を見る機会が少ない最近の若い人に暴れん坊将軍といっても、徳川吉宗のこととはわかってくれない。歳をとるというのは寂しいものである。

21 江戸時代の金融危機—好景気の先には

政府紙幣とは、政府が直接発行する紙幣のことである。政府が直接発行することができると、財政不足の際、不足分をどうしても紙幣発行で補おうとする。増税や国債発行よりも、批判を受けない隠れ蓑ともいえるだろう。実は、過去にこの政府紙幣が金融危機を引き起こした事例がある。

江戸時代には幕府の発行する金貨、銀貨、銭貨とは別に、各藩に藩札《はんさつ》が存在した 15参照。これは、幕府から発行高の許可を得ることを前提に、藩が発行していたものである。藩内では、銭貨の通用を認めたが、金貨や銀貨の通用を禁止し、藩札を強制的に通用させていた。この点について、広島藩の事例をみてみよう。

(1) 藩札発行が起こした好景気

広島藩の藩札は、宝永元年（1704）年に初めて発行する。宝永4年、幕府の「札遣い停止令」によって一時中止したが 14・15参照、享保15（1730）年に再び認められ、廃藩置県まで続く。発行高は一応、幕府に届けるものの、実際には順守されず、各藩の裁量に任されていた。

藩札発行に伴う藩内の資金の流れはこうである（図参照）。藩内における土地開発資金に充てられたほか、木綿など商品作物の奨励資金として領民に貸与した（図中❶）。その際、生産品（商品作物）の一切を藩が引き受けた（❷）。そして、広島藩は領民から引き受けた生産品（商品作物）を大坂へ回送・販売することで現金（銀）を入手した（❸❹❺）。それらを仲介したのが、広島藩の「蔵

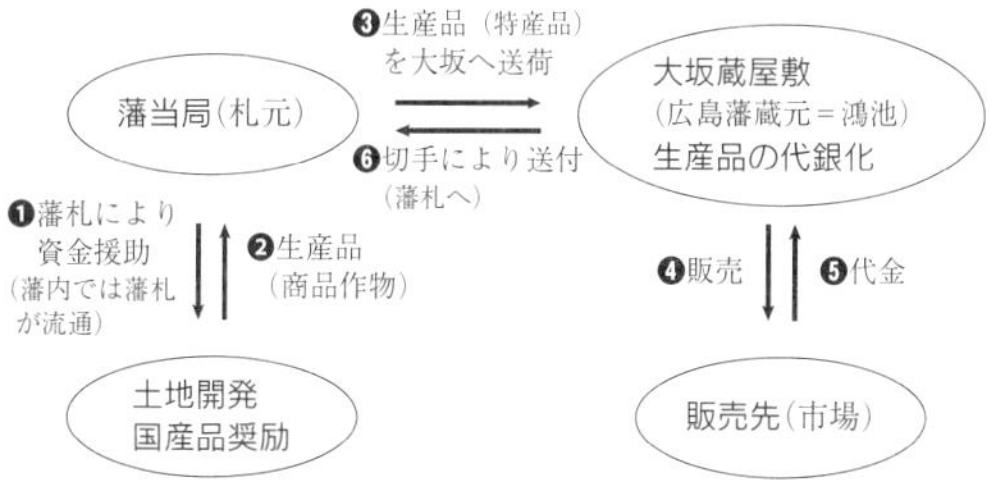

藩札の展開（広島藩）

元」であった鴻池家。蔵元とは、現代でいうところの「メインバンク」と「商社」を兼ね揃えた役割である。現金は鴻池家を通じて、大坂から広島に送られ、藩札に交換された（❻）。この一連の殖産興業政策は見事に成功し、18世紀後半から19世紀初頭にかけて、広島藩は好景気を迎えた。

しかし、問題が発生した。そもそも、広島藩には、「幕府による藩のお取り潰しは絶対ない」という甘えがあった。そのため、大坂から回収した現金の金額以上に藩札を増刷し、強制的に通用をさせていた。これが原因で、天保8（1837）年、広島藩の物価が急上昇する。インフレが起こったのである。

(2) 天保飢饉がインフレのきっかけに

貨幣の大量発行は、市場の貨幣量を増加させ、インフレを招く。そんなことは、江戸時代でもわかっていた。しかし、広島藩は藩札を濫発した。なぜならば、たとえ物価が高騰したとしても、殖産興業政策によって藩が豊かになることで、最悪の事態は免れると考えたからである。当時、広島藩が発行した藩札の正確な額はわかっていないが、1つの指標として、享和元（1801）年の銀札（藩札）発行高は1万1760貫だったといわれる。それが、約50年後の嘉永5（1852）年には27万6000貫まで増えていた。50年間で約25倍の発行量である。安定経済を基調とする江戸時代の経済状態からすれば、ただごとではなかった。

その不安は、天保の飢饉※に連動して顕在化した。藩札価格で米1石当たり65匁《もんめ》が通常であった米価が、天保8（1837）年ごろから200匁に上昇した。さらに米価は高騰しつづけ、天保14（1843）年には通常価格の15倍に相当する1貫目を超え、弘化5（1848）年の正月には4貫300目に達した。これは、通常価格の66倍にも相当する超高値である。もちろん、この米価の高騰は決して全国的な現象ではない。実際、この間の大坂の米相場は100匁程度で推移している。つまり、広島藩の藩札価値が下落したことで、米価の高騰を招いてしまったのだ。この緊急事態に対し、広島藩がとった政策は、改印札の発行であった。広島藩は弘化4（1847）年11月、藩札に印鑑をしたものを新札（改印札）とし、それを古い札と引き換えるという触れを出している。なお、交換比率は、「旧札2貫600目＝新札65匁」であった。ちょうど、40分の1の相場（40掛相場）で、広島城下町の両替商を通じて行われた。こうして広島藩においても、米1石の価格が再び100匁前後で推移するようになった。だが、この状態は一時的で解決に至らなかった。

(3)国家の恥辱是非もなき

広島藩は、藩札の増札によって引き起こされたインフレを収拾するため、弘化4（1847）年に改印札を新たに発行し、古い藩札（旧札）の吸収を図ったが、失敗に終わった。再び米価は高騰する。大きな原因は2つある。1つ目は、旧札と新札の両方の使用を認めたこと。2つ目は、藩札の取り扱いを地元の両替商に任せたことだ。地元の両替商では資金力が弱く、藩札と銀貨の兌換性が低かったのである。

※天保4～7（1833～36）年にかけて全国的な不作に見舞われた大飢饉で，江戸時代の三大飢饉の1つといわれている。

嘉永4（1851）年、広島藩は事態の収拾を大坂の大商人・鴻池善右衛門に頼った。鴻池は広島藩の蔵元、つまりメインバンクだ。筆頭家老の今中大学は、鴻池に対し「国家浮沈の情勢の中、恥ずかしい限りである。このうえは、これまでの藩札すべてを引き揚げ、新しい藩札を発行したい」と、支払い準備金として10万両の借金を要請した（図参照）。

だが、鴻池は「今回の金融危機は政策の失敗であり、嘆き入るばかりである」と強く批判した。しかし結局、6万両が貸与された。このとき、鴻池をはじめとした4人の有力商人が3万6000両を、残りはほかの大坂商人たちが請け負った。これは、踏み倒しを警戒したリスク分散であった。広島藩は準備金を調達し、嘉永5（1852）年正月に新旧藩札の切り替えを実施した。もちろん、同額ではなく、500掛けでの交換である。つまり、旧札で50万円であれば、新札1000円で交換することである。

この時の様子を記した日記をみると、「旧札500目は新札では1匁、5匁札は銭1文、1匁以下は無駄紙になる。こんなことは、古今東西いまだかつてないことだ。国家の大恥辱是非もなき時勢である」と嘆いている。とはいえ、この藩札の切り替えによって、金融危機は一応収束した。19世紀前半ごろから、藩の活性化を意図して行われた藩札のバラマキ政策は、当初は功を奏したものの、結局は金融危機を招くに至ったのである。

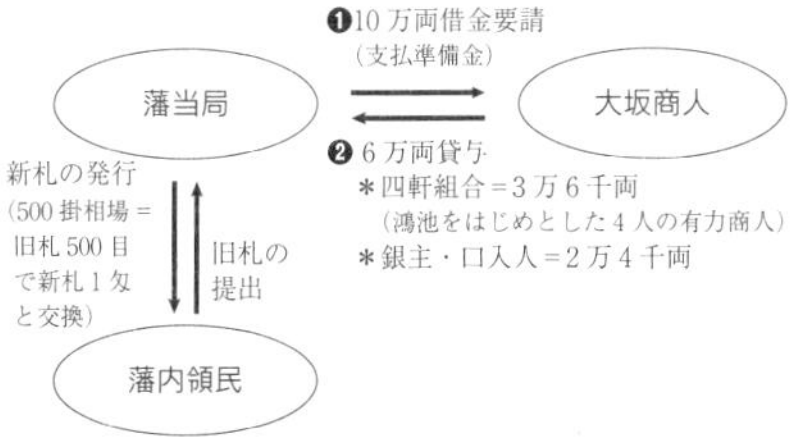

平価切り下げの様子（広島藩，嘉永5年）。

22 貨幣改鋳に対する近世の経済学者―江戸時代の知識人

16世紀の中頃、アントワープ駐在の英国王室代理人だったグレシャムは、良貨が流出した事態はヘンリー8世とエドワード6世が悪鋳によって貨幣の品質を低下させたことが原因として、エリザベス女王に対し速やかな幣制改革を求めた。この提言を受けエリザベス女王は1560年に貨幣改鋳を行い、劣悪な旧貨との引き換えを命じ、品質の向上を指示した。「悪貨は良貨を駆逐する（Bad money drives out the good）」という有名な文言は、この時の布告に含まれていたといわれる 10参照。お金が不足すると、時の為政者は、貨幣を増やして（悪鋳して）補おうとする。それは、日本でも同様で皇朝十二銭の時からそうだった。

近世になると学問が発達し、そのなかで「経世済民（世を治め、民を救う）＝経済」の学問が注目される。経済学者たちの意見は、貨幣改鋳政策に対し厳しい批判が多い 14参照。三浦梅園《みうらばいえん》（1723～89）は、著書『価原《かげん》』において「悪弊盛ンニ世ニ行ハルレバ、精金皆隠ル（悪貨が世間に盛んになれば、良貨は皆使われなくなる）」と、グレシャムの法則と同様のことを述べている。

新井白石は、「悪鋳は『死法』である」と説き、財政政策にとって貨幣悪鋳は根本的な解決ではないとして、「活法」（良策）を考える必要があると主張した。白石は、貨幣改鋳を行い、良貨の状態に戻している 14参照。ちなみに、元禄金銀が流通していた時は慶長金銀を見ることはなかったが、正徳金銀が発行されてから再び慶長金銀を見かけるようになったという。貨幣の退蔵を示している。

参考図書
三浦梅園『価原』（『梅園全集　上』所収）弘道館，1912年
寺出道雄『新井白石の経済学』日本経済評論社，2015年

学問所「懐徳堂《かいとくどう》」の学主・中井竹山《なかいちくざん》（1730〜1804）は老中・松平定信に対し、「貨幣（銭）の悪鋳によって物価が高騰し、人民は大変困窮する」と述べている。山片蟠桃《やまがたばんとう》（1748〜1821）も同様に「金銀の吹き替え（貨幣改鋳）ほど、世の中を騒動に招くものはない。このような施策を善法と考えるべきではない」と厳しく批判した。

金銀の量が限られている以上、経済規模の拡大に応じて貨幣改鋳政策（市場に出回る貨幣量を増やす政策）を推進するのは必要なことである。しかし、貨幣改鋳政策には、そうした「きれいごと」だけではない側面が多かった。金座・銀座の不正、出目（余剰金）を得ようとする当時の幕府の姿勢、物価高騰による庶民の困窮など、社会問題が表面化した31参照。この点が当時の経済学者たちの批判の的になっていたのである。

三浦梅園

山片蟠桃

参考図書
中井竹山『草茅危言．第３（角）』懐徳堂記念館，1942年
山片蟠桃「夢ノ代　制度第五」水田紀久・有坂隆道『日本思想大系〈43〉富永仲基 山片蟠桃』岩波書店，1973年

23 三方よし――近江商人が伝える成功のコツ

三方《さんぽう》よしという言葉がある。近江商人《おうみしょうにん》の経営理念の1つで「売り手よし、買い手よし、世間よし」のことである。売り手と買い手だけでなく、社会全体のことも考えるべき――という意味だ。これは、近江商人・中村治兵衛家《なかむらじへえけ》に現存する家訓「他国へ行商スルモ総テ我事ノミト思ハズ、其国一切ノ人ヲ大切ニシテ私利ヲ貪ルコト勿レ…（他国で行商するも、万事、私事と思わないようにし、その国のすべての人々を大切にし、私利に貪ることのないように…）」という言葉に依拠している。

三方よしは企業経営者の講演などで使われるが、実は学界では下火である。というのも、三方よしは1980年以降の表現であり、また先の一節も、明治23（1890）年に刊行された『近江商人』の著者が中村治兵衛家二代目当主・宗岸《そうがん》の「家訓」を漢語的表現に変え、簡潔に翻訳したものである（末永国紀「近江商人中村治兵衛宗岸の『書置』と『家訓』について―「三方よし」の原典考証―」『同志社商学』第50巻第5・6号、1999年）。

そもそも、商人が得た利益を社会に還元するのは、近江商人に限られたことではない。例えば、大坂の豪商が多くの橋を建立したことは、よく知られている。大坂の観光地になっている道頓堀も成安道頓などが起工したことで知られる。それでは三方よしは、全くの虚構なのだろうか。

近江商人は、しばしば伊勢商人と比較された。伊勢商人は江戸、大坂、京都など大都市に商店を構えることが多かった。このため、特に江戸では「江戸名物、伊勢屋、稲荷に、犬の糞」と言われ

参考図書　末永國紀『近江商人』（中公新書）中央公論新社，2000年

るほどであった。それに対し、近江商人の場合は、大都市に限らず各地に商店を構えたことに特徴がある。いずれも成功する商人が多かった。江戸では、商才のある近江商人と倹約家の伊勢商人を揶揄して「近江泥棒、伊勢乞食」と言っていたようだ。

近江商人
出所：滋賀大学附属史料館

他国で行商し利益を上げる以上、嫉妬を受けるのはやむを得ない。そのため、近江商人の言い伝えには、他国の人びととの融和や人々への思いやりを説くものが多い。例えば、近江商人・高井作右衛門は、年中行事に際して町内に配り物を行い、人間関係の維持を図った。

また、地域全体の経済発展にも寄与した。近江商人が技術を伝播し需要を掘り起こすことで、北関東の呉服生産や出羽国の紅花生産など特産地を形成した。見方を変えれば、自身の商売の成長にもつながったのだろう。

三方よしという言葉自体は新しいかもしれないが、近江商人のなかに深く刻まれていた精神であったことは間違いない。

金融見聞録

近江商人の言葉として知られるものは多い。人知れず善行をほどこすことを「陰徳善事《いんとくぜんじ》」，商売替えをしてはいけないことを「商売替無用之事」などもそうだが，これらは，近江商人の言葉に限らない商人としての訓戒として使われる。

24 お年玉―なぜ子どもたちはお年玉を貰えるのか

江戸小噺《えどこばなし》の1つである。元日の朝、主人が床の間の掛け軸を掛け替えようとしたところ、汚れた雑巾を見つけた。主人がこのことで番頭を叱ったところ、彼は「『ぞう』は『蔵《くら》』、『きん』は『金』ということで、蔵に金が貯まることを意味します。とても縁起が良いですね」と悪びれずに答えた。これを聞いた主人は、「なるほど」と喜び、その年のお年玉を大いに弾んだというのである。

「もーいくつ寝ると、お正月」。子どもたちの正月の楽しみの1つといえば、お年玉である。現代の中学生や高校生に対するお年玉の相場は、5000円~1万円だそうだ。この金額が多いか、少ないかはいろいろな意見があると思うが、ここではお年玉の本来の意味を考えたい。

そもそも正月は、年神（歳神）を迎える古来の行事である。年神とは「豊作を守護する神」や「祖霊（先祖の神）」を指す。各家庭では、この年神を迎えるために餅や料理をお供えした。お供えした餅は「神の恩恵を分け与える」という意味から、小餅にされて、家族一人ひとりに渡された。これを「年玉」「年の餅」と呼んでいた。つまり、本来はお金ではなく、餅だったのである。

こうした言い伝えは、地方によってさまざまある。例えば、「大晦日に年神が年玉を配りに来る」というものや、「年殿に扮した若者が戸別に訪れ、子どもに『年玉の餅』を与える」という話もある。

近世後期に書かれた『燕石雑志《えんせきざっし》』（1811年）には、「年玉とは『新年の賜』という意味である」と記されている。よって同書は、「賜る」のだから、受ける人にとっての「年玉」であり、渡す人

が「年玉」と呼ぶのは不敬であると説いている。
　当時、年玉とされていた品物は菓子、砂糖、酒、かつお節、海苔、ミカン、柿、リンゴ、こんぶ、茶、タマゴなどの食料品。ほかには、石けんや香油など小物類、呉服、手拭い、扇、紙、筆・墨、陶器、漆器、盆栽、挿し花、桶・籠類など日用品も用いられたようだ。
　しかし、なかには高価な品もあった。例えば、年玉銀（金銭）、年玉扇、年玉薬（粗製の丸薬）などである。扇は「末広」を意味することから進物用とされ、また商家などでは餅の代りに金銭が渡されるようになった。ちなみに、「お年玉」が、子どもたちに金銭を分け与える習慣になるのは戦後のようである。
　お年玉の本来の意味は「年神様の魂が宿るもの」や「新年の賜りもの」など、さまざまな思いが込められている。「正月にもらう小遣い」という意味だけではないということだ。

25 座頭金―江戸時代の多様な貸付け方法

江戸時代では、目の不自由な人のことを座頭《ざとう》と呼んでいた。彼らは、琵琶などの管弦、あんまや鍼《はり》治療などを生業《なりわい》としていた。当時の幕府は、福祉政策の一環として、目の不自由な人たちに高利貸しの営業を認めていた。貸金を官金《かんきん》と称することを許可し、収入を得る特権を与えたのである。貸借証文には官金貸付けという記載が許可された。貸借訴訟では優先権が認められ、相対済令《あいたいすましれい》（金銭のもめごとは受理せず、当事者同士が相対で解決すべきとする法令）の不適用など特権が認められていた。江戸時代の後期、江戸のまちには約3700人の座頭が生活を営んでおり、そのうち300人ほどが官金をしていたようだ。これを座頭金という。

座頭金は、短期間で貸し付ける高利貸しとして、世間で知られていた。利息は1～2割程度で、さらに礼金として1～2割を事前に抜き取ったあとに貸し与えた。つまり、10両を借りる場合、利息2割と礼金2割を事前に求められるため、借り手にわたるのは6両になる（もちろん返金額は10両である）。

しかも、証文には「無利息」と記載されているので、借り手が預かり金のつもりでいると、わずか3～4カ月で取り立てが行われた。そのうえ、そこで滞納すると、新しい証文に書き換えられ、礼金と利息金が改めてとられたのである。「月踊り」などと呼び、1カ月の間に2～3カ月分の利息の取り立てが行われることもあった。しかも返済額がわずかに不足していても許されなかった。

参考図書　武陽隠士『世事見聞録』青蛙房，1966年（復刻版2001年）

返済が滞った場合、座頭が集団となり、当たり構わず座り込みなどが行われた。相手が武士であれば、玄関に上がり声高に口上を述べ、町家であれば、隣近所に構わず悪口雑言を言い立てることもあったようだ。こうした取り立ての方法（督促）は座頭だけでなく、一般の高利貸しなどでも、同様の行為が行われていたようだ。

借り手は、外聞や外見を恐れて、食料や老人子どもの衣服を売り払ってでも返済した。それでも返済ができない場合は、夜逃げするケースも出たという。

ところで、座頭金の営業資金は、武士や町人から提供を受けることもあった。資金提供者に対して、20両に付き1分の利子（1・25％）が支払われたという。幕府は、座頭金の営業自体は認めていたが、ほかから資金提供を受けて営業をすることは禁じ、自らの資金を活用するように命じていた。

座頭金は当時、高利貸しで有名で、これに頼るのは危険なことは知られていた。しかし、町人のなかには病気など特別な事情で金銭に困る場合も少なくなかったため、やむを得ず借りていたようだ。

『世事見聞録』「座頭金」のほかにも，江戸時代の人びとの暮らしぶりを紹介している。

26 無　尽─お互いが助け合う尊さ

無尽《むじん》は庶民金融として、かつては幅広い人々に受け入れられていたが、辞書で意味を調べてみると、「尽きることのないこと」ともある。よく使われる無尽蔵という言葉の意味は「いくら取っても無くならないこと」。お金は限りあるものなのに、無尽が言葉につくと限りない印象を受ける。ちなみに無尽財という言葉は、信者のお布施を蓄えてほかの人に貸し出し、その利金を寺の修繕費用に充てることを指す。また貧窮者に対して寺が貸し出すこともあった。

これらの言葉は、読者のイメージする無尽とは少し違うかもしれない。というのも、よく知られているのは、相互に金銭を融通しあう目的で組織された無尽講《むじんこう》であるからだ。無尽講とは、世話人の募集に応じて、講の成員となった者が、一定の掛け金を持ち寄って定期的に集会を催し、抽選や入札などで当選した者が順番に各回の掛け金の総額を受ける仕組みのこと。講の成員が100人の場合、例えば1人当たり1000円を徴収すると、当選した人が全額（10万円）を受け取ることになる。

江戸時代、無尽は農村や都市に限らず幅広く普及した。目的は貧困者への互助救済である。まとまったお金を得ることで、家屋の新築や牛馬などを購入した。ほかに膳椀無尽《ぜんわんむじん》や屋根無尽など、事前に用途が決められていたものもある。

やがて内容が変化していく。当初は無利子・無担保だったが、掛け金を怠る者が出てきて、利息

無尽会　山梨県では今でも盛んに行われる。

や担保を取るようになった。また掛け金が高額になったり、落札者を複数にしたり、一度落札すると以後は不参加でもよいとしたり――などである。ただ成員が漸次減るということは総額に変化が出るため、ギャンブル性が高くなる。このような無尽は取退《とりのき》無尽《むじん》といわれ、江戸幕府からは博打《ばくち》や富くじと同様に罰せられることもあった。この無尽という金融システムは、明治以降には無尽会社として広がりをみせ、戦後は相互銀行へと発展した。現在でも親睦会や付き合いのことを無尽会と呼び、続いている地域がある。

つまり、無尽という言葉の根源には、相互扶助がある。人の助け（厚意）には限りがない――ということが現在の言葉の意味に込められているのかもしれない。

27 江戸時代の株──近代の株と何が違うのか

株（株式）というと、近代以降の経済の仕組みのようだが、言葉自体は江戸時代から存在した。当時は株仲間、百姓株などと呼ばれ、現代の株とは意味が異なる。大別すると、次の2つが挙げられる。

1つ目は、老舗や職人の信用（現代でいえばブランド）など無形の価値を人びとの間で取引する際に、株が用いられた。例えば、藩邸に出入りする職人は特定の人物しか認められず、変更する場合は現職の職人から株（権利）を購入する必要があった。東京の浅草観音には毎年、大勢の参拝客が訪れるが、浄水鉢は1カ所しかなく、そこに多額のさい銭が集まった。このため浄水鉢の番をする権利も売買された。ちまたでは価千両《あたいせんりょう》と呼ばれるほど、人気が高かったようだ。

2つ目は、商売を行う資格を表すものである。塩問屋や酒問屋における株仲間が有名で、幕府は鑑札（免許）を発行し、問屋を営む人数の管理を厳格にしていた。例えば、江戸で瀬戸内産の塩・下り塩を扱う塩問屋は4人に限定されていた。この資格（株）は、人びとの間で1株当たり2000〜4000両で売買されていたようだ。また、紙問屋の場合は47人に限定され、1株当たり500両でやり取りされたという。これらの株価は、資格の価値を表すだけでなく、それだけの財力がなければ営業が困難だったことも示している。

株仲間といえば、同業者組合をイメージするだろう。これは、江戸時代後期に老中・田沼意次《たぬまおきつぐ》が

参考図書
土居晴夫『坂本龍馬の系譜』新人物往来社，2006年
加藤貴校注『徳川制度〈上〉』（岩波文庫）岩波書店，2014年

幕政を主導した時に、公認されたものだ。この政策は、市場の独占につながり、商品価格にも影響した。天保の株仲間解散の原因もここにある。

だが実際には、江戸時代の前期から株仲間は存在した。例えば、江戸市中の風呂屋の株は、風俗を取り締まる観点から、売買の審査が厳格にされていた。また冒頭で紹介した百姓株は、農村において土地や屋敷を所持することで、本百姓としての身分を表現した。当時の株は、商売の権利以上に重たい意味があったのだ。

東京証券取引所　日本証券取引所グループの１つで，日本橋兜町にある日本最大の証券取引所。人手により行われていたが立会場は閉鎖され，現在はコンピューターにより株式売買が行われている。

一方で、株は偉人の誕生にも影響を与えた。坂本龍馬は土佐藩の郷士として知られているが、家は代々商家であり、武士ではない。明和期に坂本龍馬の祖先・坂本直益が、土佐藩から郷士株を買い受け、長男の直海（兼助）に与えて分家させたことが、郷士・坂本龍馬の誕生につながったといわれる。こうした資格も株として売買されていたのである。

28 米が異なると糞になる—循環型社会は江戸時代にもあった

「もったいない」「リサイクル」は環境問題を考えるうえで重要なキーワードで、また循環型社会は次世代をイメージさせる言葉だ。こうした社会では物を買わずに再利用するシステムなので、金融の問題と絡めると水と油のようなイメージを持つかもしれない。しかし、こうした社会は近世にも存在し現在にまで引き継がれている。ここでは、強引ながら江戸時代のリサイクルについて紹介しよう。

当時は物不足の時代なので、できる限り無駄をしない、また不要になっても捨てることなく再利用することが徹底されていた。例えば、庶民は衣類を古着屋で購入する。そして洗い張り（和服を解き洗いして仕上げる方法）や継ぎはぎなどをして使い込んでいた。これ以上に着られないとなるとおしめにし、おしめとしても使えなくなると雑巾にしたという。

江戸町内にはリサイクル業者がいろいろとあった。穴の空いた鍋などをハンダで繕う「鋳掛《いか》け屋」、煙管の管の手入れやすげ替えを行う「羅宇屋《らうや》」、桶などのタガを掛けたり替えたりする「タガ屋」、「提灯張替え屋《ちょうちんはりかえや》」などさまざまな修繕業者がいた。農村にも、農民しか居住していない印象があるが村々には鍛冶屋《かじや》がいて、農具などの修繕などを担っていた。

紙や金属なども常に原料として再利用された。例えば、書き損じの紙や不良品を買い入れる「紙《かみ》屑買《くずがい》」や、ヒトの髪の毛を購入する業者、銭湯に雇われ落ちている木を拾う「木拾《きひろい》」などもいた。

参考図書　竹内誠『春夏秋冬　江戸っ子の知恵』小学館，2013年

家具や衣服・夜具・器具などを貸す「損料屋《そんりょうや》」などもあった。

江戸の武家屋敷では多くの馬糞などが出たが、周辺の村の人々が掃除役《そうじやく》として自ら掃除を買って出ている。なぜなら馬糞は貴重な肥料となるからだ。米が異なると糞になるという漢字の成り立ちのとおりである（諸説あり）。長屋などからも、し尿が肥料として農家に売られ大家の収入になっていた。

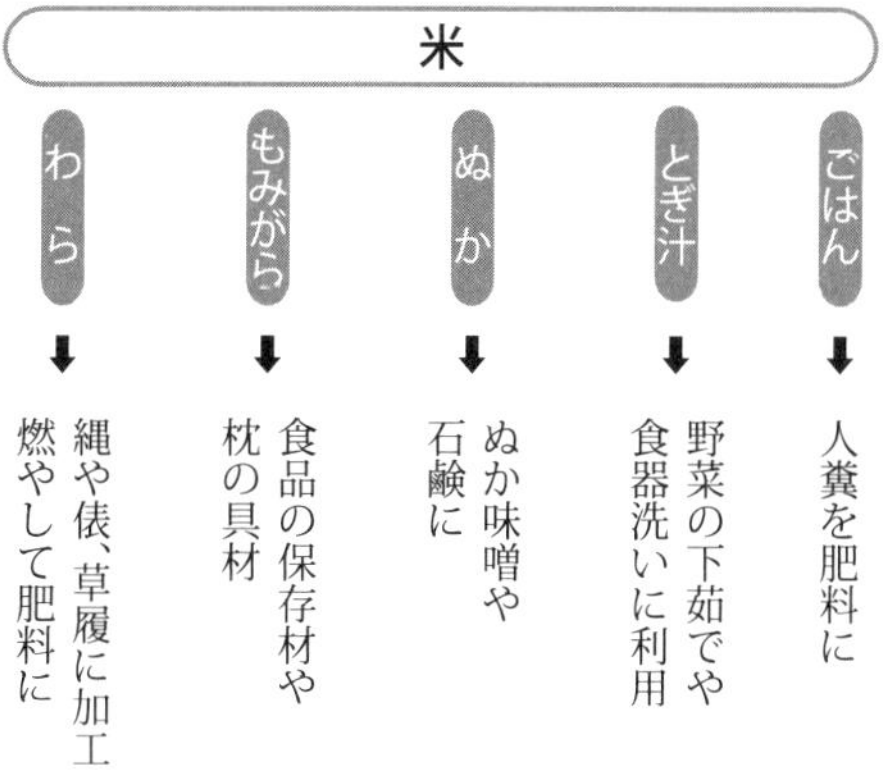

米のリサイクル例

ごみを回収する芥《あくた》請負人という回収業者もいた。彼らは、市中の町々と契約を交わし、地主から回収費用を得るとともに、長屋に設置されていた共同のごみ溜め場から船で永代島へ運び埋め立てていた。

要するに、一見不要だと思う物も立派な商売になるということだ。現在もこうした商売をしている人は少なからず存在する。大量消費社会から循環型社会へと転換しつつある今、金融はいかに貢献することができるだろうか。

金融見聞録

1960年代の高度経済成長の時代は，大量に生産し，それらをどんどん廃棄する「大衆消費社会」といわれていた。現在は，製品は廃棄物などになることを抑制し，排出された廃棄物もできるだけ資源として適正に利用する「循環型社会」（天然資源の消費が抑制され，環境への負荷ができる限り提言された社会）へと転化することが求められている。

29 博打は金融にあらず──博打と相場は死んでも止まぬ

博打《ばくち》といえば、「さいころ」や「かるた取り」などが知られる。江戸時代、幕府は賭け事を一切禁じていた。さいころを使ったチンチロリンは当時、人びとの間で最もなじみのある博打だった。そうしたなか、人びととの間でやむことのなかった博打が2つある。

1つ目は、取退無尽《とりのきむじん》である。無尽講そのものは、庶民金融として江戸時代から認められていた（26参照）。参加者が決められた金額を拠出し、総額を受け取る人を抽選などで決めるもの。回を重ねて、最終的には参加者全員に集まった資金が行き渡るようにしていた。それに対し、取退無尽は1回当選すると、以降は無尽に参加しなくてもよいというのが特徴である。つまり、少ない支払い額で大きな金額を得ることができる、射幸性《しゃこうせい》が強いものであった。

2つ目は、三笠附《みかさづけ》である。現在ではあまり知られていないが、江戸時代に人びとの間で流行した。当時の博打禁令の史料を見ると、しばしばこの言葉が出てくる。

三笠附とは、もともと俳諧の遊戯である。初めに下の句を読み、上の句は人びとに募り、内容の良し悪しを競い合うもので、「冠附《かむりづけ》」や「笠附」と呼ばれていたこともある。時が経つにつれ、遊び方も少しずつ変化していった。宝永（1704〜11年）ごろになると、まず冠の5文字を3通り用意し、続く7字、5字を人びとが付けるようになった。これが、三笠附の語源である。

ところが、この頃から俳諧の遊戯という当初の趣旨から大きく外れてくる。内容はこうだ。まず

21の数字を上段（1～7）、中段（8～14）、下段（15～21）に分けて記す。参加者は10文を支払い、各段から1つずつ計3つの数字を選んで印をつける。このうち2つの数字を当てれば100文、3つすべてを的中させれば2両を当選金として得ることができたという（1両＝4貫文＝4000文）。

当時、これらは博打に該当するということで、厳しい取り締まりが行われた。胴元は遠島（流罪）に処せられるのが一般的で、参加者は過料（罰金）や追放に処せられることが多かった。寺の住職が博打をした場合は脱衣、つまり僧籍剥奪となった。

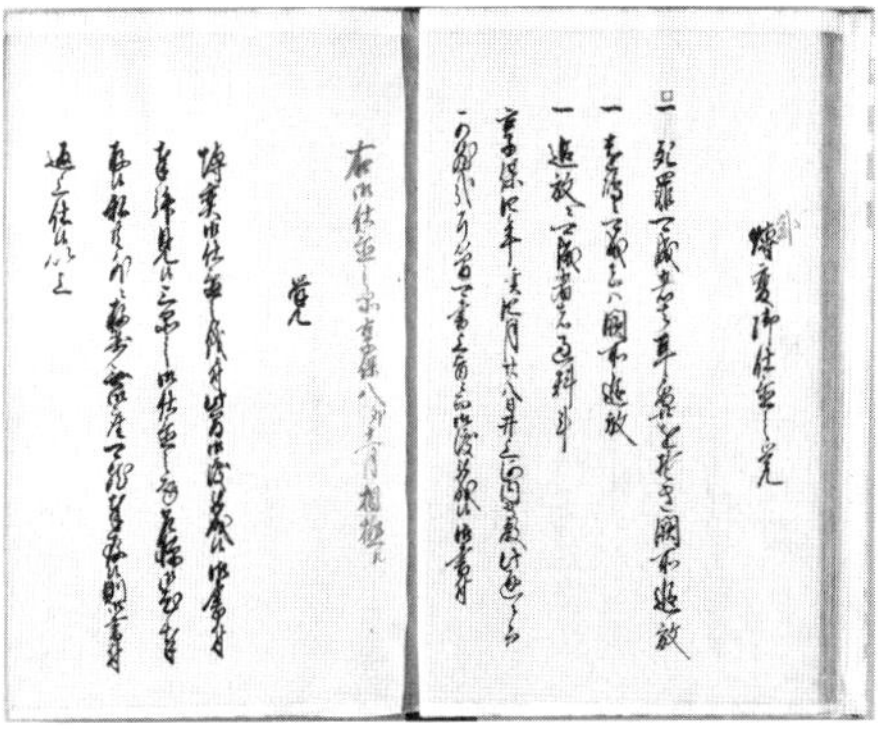

三笠附の処罰

出所：『享保撰要類集　一ノ下三笠附博奕之部』国立国会図書館デジタルコレクション

博打によって得たお金で生活が助かった人もいたかもしれないが、これは金融ではない。金融とは、金銭を必要としている人々に着実に融通し、対価として利子を得ること。地道に生活を営む人々の拠り所として、今も昔も欠かせない機能である。

賭博を禁じる理由は、健全な経済活動や勤労への影響を招くからといわれる。賭け事で一度、儲けてしまうと、次回も期待してしまうからである。現在では、競馬、競輪、競艇（モーターボート）、オートレースなどの競技や、宝くじ、スポーツ振興くじなどは認められている。ほどほどに、楽しむことが大切だ。

30 社会保障制度のはじまり―町の自治運営

ないというのも人情だ。

　お金の運用は難しい。保険などに入りリスク分を蓄財したうえで、初めてレジャーなどに振り向けられると考える人が多いのではないか。逆に、将来へのリスクが分からないと気軽にお金が使えないというのも人情だ。

　松平定信といえば、老中として寛政改革を推進した人物として知られる。そのあまりにもクリーンな政治に、前代の景気のよかった田沼時代を懐かしみ「白河の清きに魚も住みかねて　もとの濁りの田沼恋しき」とうたわれている。そうしたなか、江戸市中に対して定信らしい真面目な政策が打ち立てられた。寛政3（1791）年に出された七分積金《しちぶつみきん》令である。日本の社会保障制度の嚆矢を考える時、社倉（飢饉や災害に備えて米などを備蓄する倉）など官民共同での備蓄制度もあったが、政府が直接関与しない地域社会のものとしてこれほど大規模に行われたものはないだろう。

　近世の江戸では、治安の維持、道路や水道の維持管理、町火消などの業務を市中それぞれの町が担っており、費用は町の地主たちによって支払われた町入用によって賄われた。この町入用を節約し、節約額の7割を毎年積み立てることにしたのである。江戸市中全体での町入用の節減額は3万両にも及んだとされ、その7割＝2万両以上ものお金が非常時の備えとして毎年積み立てられた。当時の1両は米1石が買えるほどの金額であり、1人1年分の米消費量に相当する。

　この積立金は個々の町が蓄えたわけではなく、新たに設置された町会所が江戸市中の町全体の積

参考図書　竹内誠『春夏秋冬　江戸っ子の知恵』小学館，2013年

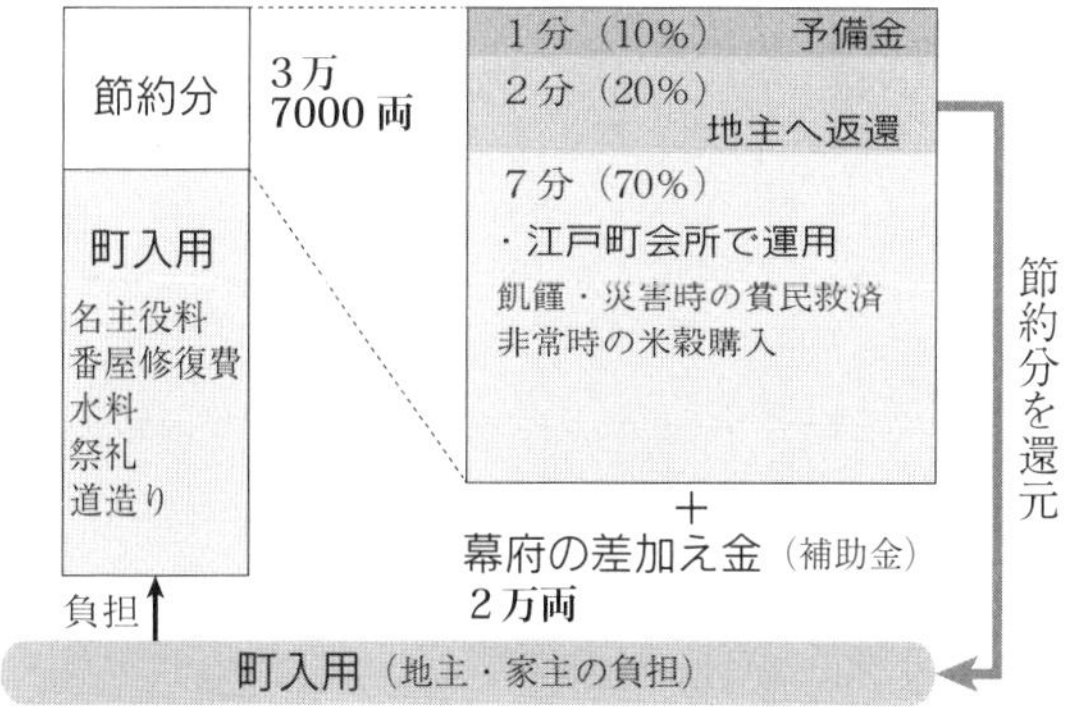

七分積金の仕組み

出所：東京都『七分積金―その明治以降の展開』1960年

立金を管理した。そして、火災、震災、疫病、飢饉、米価高騰などさまざまな事態に対し、町会所が町民救済を行ったのである。例えば、天保の飢饉の最中の天保４（１８３３）年には延べ64万人弱の飢民に対し、白米２万４０００石弱を町会所が支給している。こうして、江戸市中の被害は最小限にとどまった。また、平時は10人の江戸の豪商が勘定所御用達に任じられ、町会所が集めた積み金を運用した。上層町民や武士などに低利で融資したほか、新田開発などにも融資した。

積み立ては幕末まで続き、明治元年の維新政府の調べによると積み金と籾米の貯蓄高の合計は１７０万円にも及んだ。明治期に道路や橋などの整備、銀座煉瓦街、街灯、共同墓地（青山墓地）、東京府庁舎の建設工事、養育院の設置など社会福祉政策の推進、商法講習所（一橋大学の源流）の設置など東京府民のために使われた。

31 「銀座」というところ—銀座は銀を鋳造するところです

銀座といえば、高級ブランド店が立ち並ぶ東京の中心地。中央通りではパレードなどが行われ、日本を代表する繁華街である。これにあやかり、各地でも「○○銀座」という名称を付けている商店街が少なくない。ただ、東京の銀座が地名として正式名称になったのは、明治2（1869）年のことである。それまでも銀座と呼ばれていたが、正式には新両替町といわれていた。

かつて、ここに住んでいた両替商は、諸国の灰吹銀を買い集め、銀座に納入していた。銀座では、こうした銀の買い入れと銀貨の鋳造・包装などが行われていた。ちなみに、金座は現在の日本銀行付近（日本橋）にあり、両替商が軒を並べていたので両替町といわれていた。銀座付近を新両替町としたのは、それに対するものであろう。現在の中央通りをまたいで町を形成しており、京橋を渡ると新両替町となり、現在の銀座4丁目までが新両替町4丁目、以後、尾張丁（銀座5丁目、6丁目）、竹川町（銀座7丁目）、出雲町（銀座8丁目）と続き、新橋に至る。

銀座とは銀貨を鋳造していたところであるが、もともとは全国に3カ所あった。1つ目は、京都伏見。関ヶ原の戦いが終わった翌年の慶長6（1601）年に、摂津国の末吉勘兵衛が銀座設立を徳川家康に建議して許可されたことが始まりである。末吉勘兵衛と後藤庄三郎が銀座設立の許可を受け、堺の銀商・大黒常是が銀鋳造を担当した。伏見から、室町と烏丸に隣接した京都中心部に移転したのは慶長13（1608）年。両替町通は、当時の地名の名残である。

銀座４丁目交差点　百貨店などが立ち並び，東京の中心として現在も往来でにぎわう。

２つ目は駿河（静岡県）。慶長11（１６０６）年、徳川家康が駿河に移る際に銀座を設置している。その後、慶長17（１６１２）年に江戸に移した。３つ目は長崎。慶長11年ごろに、長崎にも銀座が設置された。

江戸の銀座は、江戸時代を通して新両替町にあったわけではない。寛政12（１８００）年に、江戸の蠣殻町《かきがらちょう》へ移設されている。理由は、銀座の役人の不正である。役人の収入は鋳造高に応じて支払われていたが、鋳造高が減少したとき、銀座役人は不当に賃金を配分したのである。

銀座役人の不正はたびたび行われていた。だが、この時は寛政の改革とも関係し、京都銀座では貨幣鋳造が行われなくなり、長崎銀座は廃止になった。また、役人の賃金のあり方を見直し、役料（賃金）が定められた。やはり、お金を扱う仕事では、定額の賃金のほうが安全ということなのだろうか。

32 捨てがたきは義なり――農業協同組合のルーツ

2015年2月、政府は農協改革案を正式決定した。この過程で、農業協同組合のあり方について議論がなされた。農協の発想の原点と言われるのが、江戸時代後期の農民指導者・大原幽学《おおはらゆうがく》が考えた先祖株組合である。

幽学の人生の大半は、漂泊の生活であった。漂泊の途次、出会ったのが長部村（下総国／千葉県）の名主、遠藤伊兵衛である。近世後期の長部村は荒廃し、49軒の家が21軒にまで減っていた。伊兵衛は、幽学に救いの手を求めたのである。幽学は村民と積極的に討論した。男性に限らず、女性や子どもも門下生とし道友と呼んだ。村民との信頼関係を築いたのち、天保9（1838）年に実施したのが先祖株組合である。先祖株組合の特徴は、大きく3つある。

①組合員は、所有地のうち金5両に相当する耕地を出資し、そこから得た利益は無制限に積み立てる。積立金が100両になるまでは、たとえ組合員の家が潰れた（破産した）としても救済しない。

②一軒分の積立金が100両を超えると、組合員同士の相談によって半分を救済に充て、残り半分は子孫のために積み立てる。

③用地や積立金の運営は、組合員の合意で行う。なお家が潰れたときは、しかるべき人物が家を再興する。

こうして各組合員は一定の耕地を提供し、それらを潰れ百姓の救済や将来の資金に充てた。1両とは米1石（1人当たり1年分の食糧）の値段。ゆえに、100両とは途方もない金額であり、相当の我慢が求められた。生活の改善が要請され、礼服は絹布を使用せず木綿の紋付とし、仕事着は麻と決められた。また食事は米、麦、粟を基本とした質素なものとされ、博打や大酒なども禁止された。農業面では、耕地の統廃合で耕地整理を推進したり、金肥を使わずに自給肥料を推奨した。これらの取り組みが功を奏し、長部村や周辺の村々が復興に至ったのである。

幽学の自宅に隣接した集会場・改心楼《かいしんろう》には、多くの門下生たちが集まり、一時は300〜400人に上った。ところが、これが災いし、よからぬ話し合いをしているのではないかと、幕府の嫌疑を受けることになった。幽学は江戸小石川の屋敷で100日間の押し込め（謹慎）に処せられた。あわせて、先祖株組合の解散や改心楼の取り壊しなど厳しい処罰を受けた。

大原幽学　農協の始祖ともいえる幽学の肖像画。
出所：大原幽学記念館

幽学が長部村に戻ったのは安政5（1858）年のこと。この間に農村は再び荒廃した。その姿を眼前にし、失意のうちに切腹して果てた。自刃に用いた刀には「難舎者義也（捨てがたきは義なり）」と刻まれてあったという。

33 地主様より小作人？——「見回す限り自分の土地」の秘密

担保の対象になる物はさまざまあるが、日本の場合、土地を担保にすることが多い。現在、「土地神話は崩壊した」といわれるが、地価を経済指標の1つに据える傾向は変わらない。

江戸時代、農民の土地の売買を禁じる流地《ながれち》禁令というのがあった。その一方で、土地を質入れすることは認められていた。借用書である「質地証文」には、土地を質入れしたことがしっかりと記されていたものの、その土地を実際に耕作している人間が、質入れした本人だったということが多かった。こうした質地のことを書入質《かきいれじち》という。

また、返金期限を超えても、借用金を返金できれば、質地を自分の土地として取り戻すことができた。これを質地請戻《しっちうけもど》し慣行という。そのため、「江戸時代の農民は、土地の質入れをあまり苦にせず行っていた」ともいわれている。もちろん、からくりはある。農民が土地を質入れする相手は、その村の責任者である名主《なぬし》（庄屋《しょうや》）が中心だったのである。

出羽国《でわ》（山形県）の庄内地方には、「本間様には及びもないがせめてなりたや殿様に」という歌があったという。意味は、「本間様にはなれないが、せめて殿様になりたい」。この本間家とは商人で大地主でもあり、文久3（1863）年の6代目当主・本間光美の家督引き継ぎのときは、土地ではないが、渡口米（小作米）が3万1092俵あったことが分かっている。

実は、本間家が集積していた土地の多くは質地であった。質地の期間は30年季と長く、利率も低

参考図書　山形県史編さん委員編『山形県史』第三巻，山形県，1987年

本間家旧本邸　玄関と樹齢400年以上の松
出所：本間家旧本邸

かった。また、書入質だったので、本間家に土地を質入れしたとしても、そのまま小作人として自身が耕作しつづけることができた。もちろん、借金と利子を支払えば、農民に土地を戻す仕組みであったが、農民たちは本間家に土地を預けていたほうが都合よかった。なぜならば、小作人として生産した米を本間家がすべて引き受け、販売してくれたからだ。つまり、本間家が持っていたとされる広大な土地は財力によるものではなく、困窮している農民が本間家の救済を求めて集まった結果なのである。

東北地方は寒冷地だ。現代でこそ穀倉地帯であるが、江戸時代は冷害や飢饉などが頻繁に起こり、年貢が支払えず、田畑から逃げ出す農民が多くいた。そんななか、庄内地方の農民が逃げ出すことなく、米作りに励むことができたのは、こうした本間家の地主経営によるところが大きかったのである。

金融見聞録

江戸時代，幕府は食料保護や農村荒廃を防止するため，さまざまな法令を出している。有名なのは，分地制限令（1673年，農民が所持耕地を分割するのに一定の制限を加える），田畑勝手作りの禁（田畑に五穀以外のものを作ることを禁じる），田畑永代売買の禁（1643年，農民が田畑を売買することを禁ずる）などである。これらは，厳格に守られていたわけではなく，時期や場所によって変わっている。

34 増　歩―貨幣改鋳を実施するということ

江戸時代、幕府が貨幣改鋳を数回実施したことはよく知られる。享保3（1718）年の貨幣改鋳までは良質な貨幣を維持していたが、その後の貨幣改鋳では金の含有率を漸次低下させた。これによって出目（差益）を発生させ、多大な利益を得たといわれる14参照。

ここで注目したいのは，「幕府が度重なる貨幣改鋳によって差益を得た」と言われている点だ。実は、「必ずしもそうではなかった」という議論がある。貨幣改鋳が行われた際、それまで使用していた金貨（旧貨）と改鋳後の金貨（新貨）は同額で交換されたわけではなかった。つまり、金の含有率が高い旧貨は、新貨に一定額を上乗せして交換されたのである。これを増歩《ましぶ》という。

この増歩が金の含有率に応じた適正なものであったとすれば、貨幣改鋳は幕府財政を補填するために実施されたのではなく、経済規模の拡大に応じて貨幣量の増加を意図したものだったという評価になる。他方、研究者の間では「幕府は差益を狙っていた」という見方も根強く、引き続き注目したい議論である。

さて、日米和親条約を推進し、「桜田門外の変」で殺害された井伊直弼が大老として政権を握っていた時のことである。

井伊は、安政6（1859）年5月7日に貨幣改鋳の触れを出した。この触れが出される直前のこと、井伊は藩邸の出入りの者に対し、「この度の貨幣改鋳で大判・小判を値上げする沙汰がある。

参考図書　加藤貴校注『徳川制度〈下〉』（岩波文庫）岩波書店，2015年

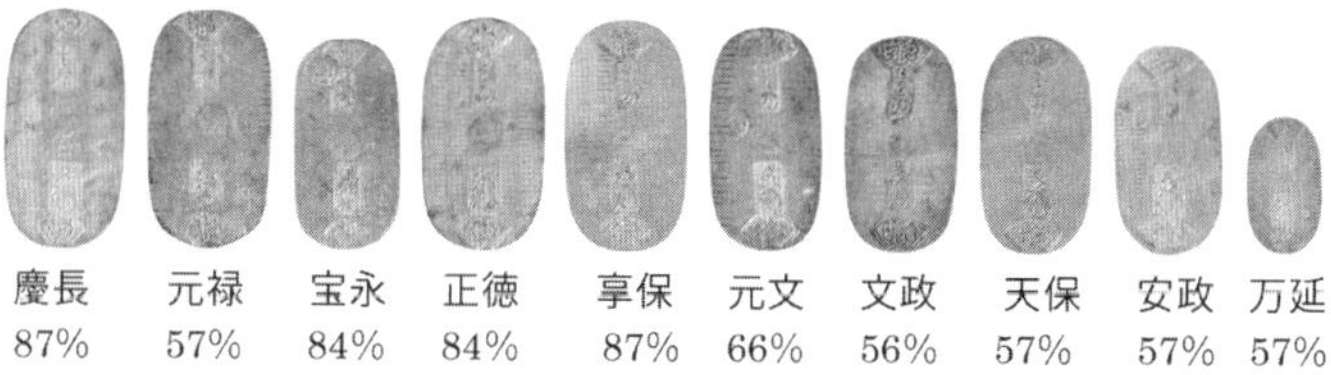

近世の貨幣（金貨）の品位　上段は元号，下段は品位（金の割合）
出所：日本銀行貨幣博物館

貯えがあるのなら大切にしておくように。なお、この事は決して口外するな」と述べた。「人に語ってはいけない」はずの貨幣改鋳について話してしまったわけだ。藩邸の女中であるおさよは、翌日に休暇をもらい、深川の自宅に戻って旧貨をかき集めたという。現代では「インサイダー取引」のようなケースだろう。

かくして、同年7月2日の触れによれば、新貨である安政金（金の含有率57%）と旧貨の交換額は、金の含有量で異なった。例えば、旧貨の享保金（同87%）１００両に対しては、新貨２６６両と交換した。元文金（同66%）１００両に対しては新貨１５０両、文政金（同56%）１００両に対しては新貨１３０両をそれぞれ支払った。

この貨幣改鋳で、井伊家と藩邸に出入りしていた者たちは大儲けをした。おさよの家も当初は「大儲けをなした働き者」などと評判が高かったが、井伊が殺害されると評価は一転。世間から「横着もの」と憎まれたという。

井伊が恨まれた理由は、単に安政の大獄だけではなかったようだ。

35 小栗上野介忠順―優秀なサムライ外交官

小栗上野介忠順《おぐりこうずのすけただまさ》といえば、江戸幕府が滅亡したときの勘定奉行である。戊辰戦争では、強い抗戦論者であったため罷免され、新政府軍により捕縛、処刑された人物だ。新政府軍が江戸城に入城したとき、御金蔵の中身が空っぽだったため、小栗が隠したのではないかなどといわれている。テレビで放映される「徳川埋蔵金」特集に小栗がしばしば登場するのは、こうした理由があるのだろう11参照。

さて、その小栗が日米和親条約と日米修好通商条約の批准書を交換するために渡米したときの話である。当時、日本と外国との金銀の比価が大きな問題になっていた。日本の場合は「金1グラム＝銀5グラム」だったのに対し、欧米では「金1グラム＝銀15グラム」だった。このため、大量の金が海外に流出していたのである。小栗は、このことを深刻な問題と考えていた。

日本使節団が米国のフィラデルフィア造幣局に立寄ったときのこと。小栗は、おもむろに天秤ばかりとソロバンを取り出し、金銀の含有量を調査しはじめた。それを見た米国人は、金銀の含有量を正確に計算するには時間がかかるとして止めさせようとした。日本の使節団も同様に制止したが、小栗はそれに応じず頑固に計算し、金銀比価の相違を見事に証明したのである。

このとき、米国人は天秤ばかりの精緻さ、ソロバンの計算の素晴らしさ、そして何よりも小栗の能力に感嘆したといわれる。この一件は小栗を始めとした日本使節団が高い評価を得るきっかけに

参考図書　坂本藤良『幕末維新の経済人』（中公新書）中央公論新社，1984年

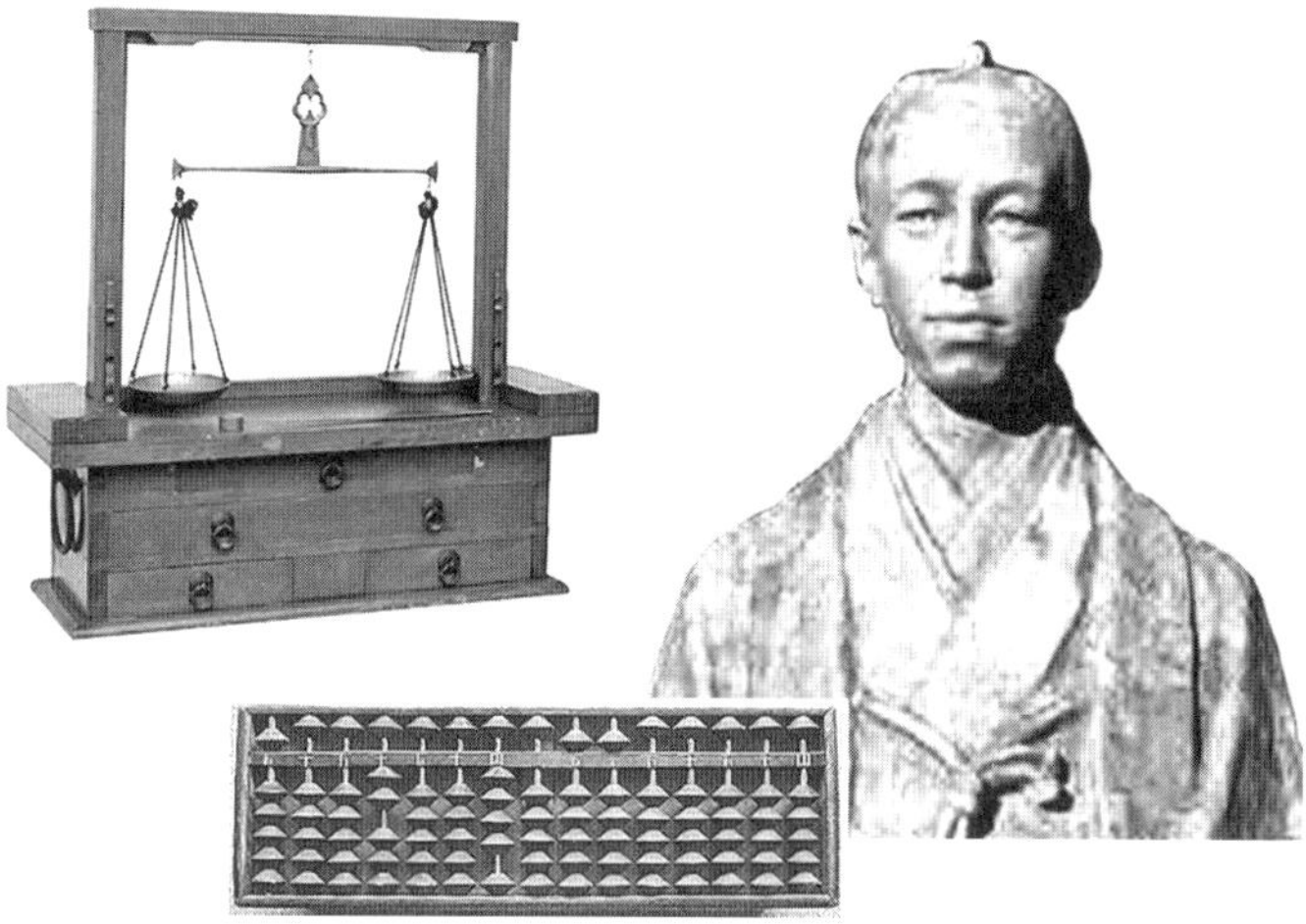

天秤ばかり（左，日本銀行貨幣博物館）・5つ玉ソロバン（中）・小栗上野介忠順（右）

なった。そして、その後の万延元（1860）年、金の含有量を3分の1に圧縮して改鋳することになったのである。

幕府が欧米列強に屈して結んだ不平等条約に悩まされたことはよく知られたところである。しかし、そのようななかでも、小栗は欧米列強の圧力に屈することなく、自国の主張を貫いた。

一方、現代の日本の外交は〝弱腰〟という見方がある。これは場の空気を重視するあまり、発言すべき時を読み間違えているのかもしれない。その点で、小栗は優秀な外交官であり、ニッポンのサムライであった。

36 農村と質屋—トランクルームでもあり、貴重な金融機関

質屋《しちや》といえば、質物《しちもつ》（質草、質種ともいう）を預けて、それを担保にお金を借りる場所である。質流れすることも多いが、質屋の商売の基本は、質品に対する利子を受け取ることである。江戸時代、質屋は全国各地の農村に幅広く点在していた。庶民と質屋の関係を想像してみよう。庶民は、品物を質屋に預けて、お金を借りたものの、高い利率のため、どんどん質流れになっていく——こんなイメージではないだろうか。確かに、江戸時代の末期には、そういうこともあった。幕末期には、質屋は「打ちこわし」の対象とされ、「無利子で質品を返せ」と要求されている。しかし、幕府や藩は当時、質入れ品について厳しい規制を設けていた。生活を維持するために必要な農具や炊事道具、村で共有している什器などを質品にすることを禁じていたのである。そのうえ、利率も1カ月1・2％や1・5％などと厳しく定めていた。また例えば、質流れの時期を8カ月と設定しても、1年程度は待つようにし、質流れをする場合でも、質屋は相手に断りを入れる——など細かく指示していた。当時の質屋の帳面を探っていくと、ほとんどの質物は1年以内で本人が取り戻している。質品は着物が多いが、蚊帳《かや》なども預けられていたようだ。蚊帳は、夏季に虫刺されを防ぐためのもの。この蚊帳を不要になる10月頃に質入して、必要になる翌年6月頃に質出しすることが多いのだ。ほかには、生糸などのケースも同様で、おそらく糸商人が回収に来るまで、預けておいたのだろう。つまり、質屋は庶民にとって都合がよい換金所であり、しかも大切なものを保管できる

「質屋の話」　藤野恵『講演』〈講演パンフレット通信　36〉東京講演会，1928年。
出所：国立国会図書館デジタルコレクション

トランクルームだったのである。

最後に余談をひとつ。江戸時代、夫婦が離縁する際は、三行半が必要とされる。それを書くことができるのは男性（夫）だけだった。ところが、女房の着物を黙って質入れした場合、女性からの離縁がすぐ認められたそうである。「預けただけ」とは弁解にならなかったようである。

第2章の課題

課題1　金や銀を含有させた貨幣と、紙幣とは同じ貨幣（マネー）であっても、性格を異にします。どういう違いがあるか考えてみましょう。

課題2　「信用」とは、辞典で調べると、「信じて受け入れること」とあり、一般には人間関係などで使われます。しかし、意外と貨幣をめぐる用語にも「信用」という言葉が多く使われます。信用取引、信用組合、信用創造、信用手形、信用保険、クレジットカードなど…その意味を明らかにし、なぜ「信用」という文言を使うか考えましょう。

第3章 金融史としての明治時代

金融制度の近代化の時代　明治時代は、米がさまざまな指標となった封建時代の石高制とは異なり、金《かね》（マネー）が重要な指標となる。欧米の銀行制度を取り込むことで金融活動が社会経済や国民生活に重要な役割を果たすことになる。また、金本位制、銀本位制などを取り込むことで国際通貨として円が通用されたのである。

その1つの画期が日本銀行の設立であった。現在、日本銀行は政府の銀行（政府の歳入歳出などの一切の出納業務を行う）、銀行の銀行（銀行に対し預金を受けたり、貸与などを行う）、唯一の発券機関（日本銀行券の発行）の3つの役割を果たすが、日本の中央銀行として、その原型がみられるようになった。

全国各地にも国立銀行をはじめとして、私立銀行

1868年　●太政官札発行
　　　　○五か条の誓文
1869年　●造幣局を造幣寮へ改称（77年に再び造幣局に改称する）
1871年　●新貨条例（両から円へ）
　　　　○廃藩置県
1872年　●国立銀行条例（第一次）
1873年　●第一国立銀行開業免許
1876年　●金禄公債証書発行。改正国立銀行条例（第二次）、これに基づき153の国立銀行が全国に設立
1880年　●横浜正金銀行（特殊銀行）設立
1881年　○松方財政（デフレ政策）始まる
1882年　●日本銀行設立

や信用組合などが設立され、金融機関林立状態がみられるようになっている。また、保険業・証券業なども設立されるようになった。

日本銀行本店本館（東京都中央区）

1886年　●企業勃興（～89年頃まで）
1889年　○大日本帝国憲法発布
1890年　●銀行条例公布
　　　　○日本最初の経済恐慌（明治23年恐慌・企業勃興の反動）
1894年　○日清戦争（～1895年）
1897年　●金本位制確立
1900年　●産業組合法公布
1901年　○八幡製鉄所操業開始。
1902年　○日英同盟締結
1904年　○日露戦争勃発
1907年　○恐慌（日露戦争後の反動恐慌）

●金融史事項
○通史事項

37 明治維新政府の失政をみる――太政官札から金札へ

明治維新時に発行された紙幣は、当初、太政官札《だじょうかんさつ》と呼ばれていたが、やがて金札に名称が変わった。この変化の裏には、失政が影響している。そのいきさつを紹介しよう。

太政官札（のちの金札）の発行は、会計官副知事に就いていた由利公正《ゆりきみまさ》によって建議、推進された。この政策は由利財政とも呼ばれ、節約を基調とした江戸時代の緊縮財政とは異なり、国を富ませようという発想、富国思想に基づいていた。

そもそも、財政に詳しい由利が招請された背景には、明治維新政府の財政難がある。薩摩藩、長州藩、西南雄藩――財政状況が明るい藩はどこもなかった。幕府の財政状況も同様で、江戸城の金蔵は空っぽだったという35参照。しかし、新政府として改革を推進せねばならず、財政を担う切り札が必要だったのだ。その切り札として会計事務局判事に着任したのが由利であったのである。

越前藩の藩政改革を藩札発行に基づく経済政策により成功に導いた三岡八郎（のちの由利公正）は、坂本龍馬の親友としても知られる。大政奉還の直後、龍馬が越後の三岡のもとにおもむき、明治維新政府の財政方針を語り合ったことはよく知られている。その後、龍馬は山根雪江（元福井藩主・松平春嶽の側近）に対し、三岡の蟄居《ちっきょ》処分を1日でも早く解くよう手紙を送っている。龍馬が暗殺される直前（5日前ごろ）に書かれたものであり、「坂本龍馬の遺書」などといわれて知られている。

由利が提案したのは、政府紙幣としての太政官札の発行であった。各藩や事業主に太政官札10

参考図書　落合功「明治維新期の財政政策と経済思想―由利公正と大隈重信」『日本の経済思想世界』日本経済評論社，2004年

0両分を貸し付け、以降年10両ずつ13年（130両）で償還しようとした。ちなみに、通用期間を13年としたため、裏面には「通用十三年限」と記載されている。

明治元（1868）年における明治政府の歳入額は3300万両であったが、太政官札の発行高は2400万両。実に歳入額の7割以上は太政官札の発行によるものであった。

しかし、この政策は失敗に終わった。流通量の増加によって紙幣の価値は下落し、物価が高騰した。原因の1つに由利の誤算がある。太政官札は不換紙幣であり、紙幣以外の流通を排除したかったが、東北地方で戊辰戦争が続いていたため、軍費として金貨も必要だったのだ。こういった事情もあり、太政官札の強制通用ができなかった。明治維新政府の番頭として期待された由利は、明治2年2月に病気を理由に辞職した。

同年5月、新政府は、太政官札という名称が太政官の印象を悪くするという理由から金札と呼ぶように布告した。だが、このメッセージは自らの失政を認めるという皮肉な結果になったのである。

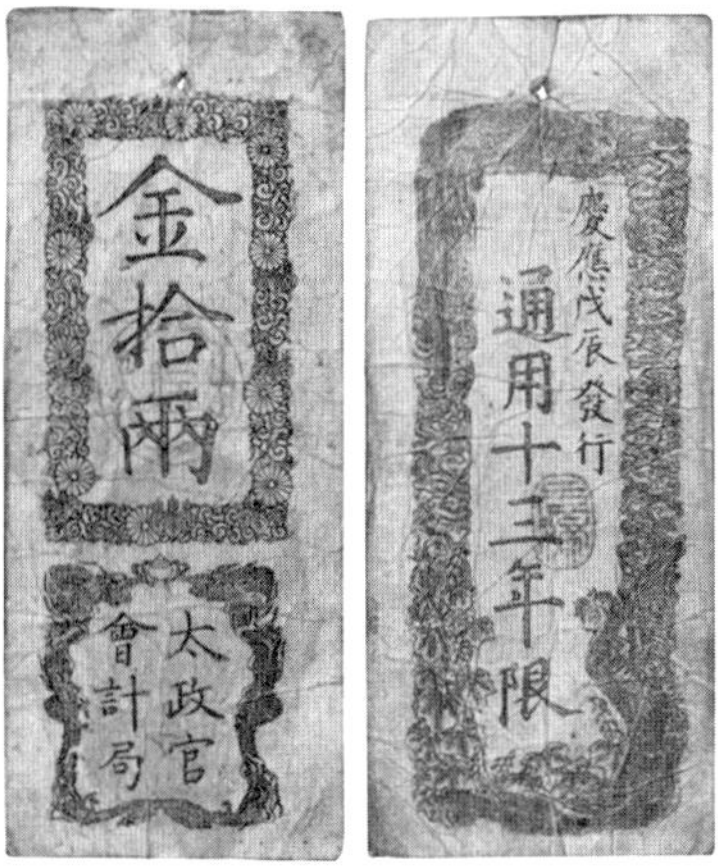

太政官札　1868年5月から発行され額面は10両，5両，1両，1分，1朱の5種類。「政府が潰れない限り，このお札は通用する」と，政府の信用により強制的に通用させるものが政府紙幣。反対に，「いつでも金や銀と交換できる」のが兌換紙幣。

出所：日本銀行貨幣博物館

38 ウサギバブル―うさぎが投機の対象に

市中が金余り状態になると、余った金は投機に向かう。不動産価格などは値上がりし、まさに「投機が投機を生む」ことになる。ただし、資産価値のふくらみは実体経済とかけ離れているので、結果的にはバブル（泡）が破裂するように、資産価値は急落してしまう。時が経てば、「潮目が変わったのは、あの時だ」と分析できるが、当事者はなかなか気がつかない。冷静になれば異常な価格であることに気がつくものである。これがバブル（経済）である。

世界史で有名なのは、チューリップバブルだろう。17世紀中頃、経済大国だったオランダでチューリップの人気が過熱した。投機家が目をつけ、球根の価格は上昇。しかしその後、チューリップの愛好家からも見放され、球根1個の価格は急騰時の１００分の1にまで暴落した。「暴落した」と言われればそうだが、もともとの値段がその程度であったともいえるだろう。

一方、日本では土地神話に基づき昭和61（１９８６）年から平成３（１９９１）年にかけて投機が進んだバブル景気が記憶に新しい。しかし、投機が原因の事件は古くから存在している。

明治元（１８６８）年、東京では王政復古の大号令のもと、武士だけでなく、そこに出入りをしていた商人や町人も仕事を失った。武士の商法はうまくいかず、彼らが思いついたのは、「ウサギを飼う」ことであった。

なぜウサギかというと、食用でも皮革でもない。大きな理由は飼育だった。そして、それが結果

参考図書　高嶋修一「明治の兎バブル」『青山経済論集』64-4，2013年

として転売利用の投機につながったのである。値段は、明治5（1872）年に1匹当たり50円で売買された。当時の米の値段は1石（1人当たりの1年間の消費量）が5円程度であり、ウサギ1匹で米10石程度も買えたことになる。

さらに、武士の退職金・秩禄処分41参照で現金を得た士族は、ウサギを積極的に購入するようになり、1匹当たりの価格は300円に急騰。山師などの投機の対象にもなった。

ただし、ウサギは生き物。華族であった某は、1000円で購入したウサギが4、5日もしないうちに死んでしまった。その1000円を取り返そうと、慌てて公債証書を抵当に入れて、ウサギを1000円で再び購入し、より高値での転売をもくろんだ。このような人たちは、新聞などで「はたから見れば、キツネ憑《つ》きか、狂人か」と酷評されたようだ。

東京府はこうした事態を受け、ウサギ取引の取り締まりを検討するが、「営業の自由に反する」との判断から黙認した。ようやく採られたのが、ウサギ1匹に1円を課すウサギ税。しかし無届けの飼育や闇取引が横行し、取り締まりの効果は発揮できなかった。このウサギバブルが落ち着いたのは1880年代前後。松方財政により緊縮財政が行われる直前のことである。

39 五代友厚の活躍―東の渋沢、西の五代と呼ばれた男

五代友厚は明治初期に活躍した薩摩藩出身の実業家で、「富国強兵の実を挙げるためには、民間で商工業を振興すべき」という強い意志を持って、大阪で実業に従事した。五代は全国各地の鉱山を経営したことで有名だが、大阪商法会議所（大阪商工会議所の前身）の設立に尽力し会頭として大阪経済の振興にも力を注いだ。

明治新政府は当時、さまざまな改革に着手しており、その1つが貨幣改鋳であった。明治元（1868）年4月、「江戸時代の貨幣は外国貨幣と比較すると、品位も量目も適当ではない」という判断から、明治政府は会計事務局判事の由利公正に新貨鋳造を命じた37参照。五箇条の誓文が発せられたのが同年3月のことであり、新政府軍が江戸に入城したのが翌4月。戊辰戦争の真っ最中である。新政府にとって、貨幣の問題がいかに喫緊な事案であったか分かるだろう。

この時、由利は五代と寺島宗則に託し、長崎の英国商人グラバーを介して香港にある英国製の造幣機械を購入した。この造幣機械は、英国が元治元（1864）年に香港へ造幣局を開設した際、設置されたものだった。だが、イギリス・ドルは中国であまり流通しなかった。結局、英国は2年で造幣局を閉鎖。造幣機械などの設備は不要になった。日本が購入したこの造幣機械は60馬力で、銀貨鋳造が可能だった。当時の価格で6万円である。政府にとって、相当な負担であったに違いない。

参考図書　財団法人日本経営史研究所編『五代友厚伝記資料　第二巻』1972年，東洋経済新報社

造幣機械の購入に関与した五代は、明治政府から下野し、大阪の今宮村に金銀分析所を開設。その後、部下を各地に派遣し、各藩の貨幣を買収した。その貨幣を鋳潰し、五代が欧州視察の際に習得した冶金術に基づき分析し、造幣寮が定めた純度にして時価をもって上納した。また、諸金山の鉱石の分析試験も行った。こうして日本の金貨の統一に寄与したのである。

これらは五代の知識と技術が不可欠だったため、彼の独占的な事業となり、巨万の富を築くことになった。当時の人々は「今紀文（紀伊國屋文左衛門）」ともてはやしたが、五代は紀伊國屋文左衛門のように、稼いだ銭を無駄に使うのではなく、次の事業の資金に充てたのであった。

五代友厚

ある時、五代の部下であった久世義之助が「五代先生、造幣寮は金銀の地ガネをもっと欲しがっていますが、我々は各藩の貨幣をすでに買いあさっているため、要望に応えることができません」と相談した。すると、五代はニッコリ笑って「手は打ってある。さあ、これから金鉱、銀鉱の開発だ」と語ったという。五代は現状に満足せず、常に一歩先を見据えていたのである。

参考図書
大蔵省造幣局編『造幣局百年史』1976年
田付茉莉子『五代友厚』ミネルヴァ書房，2018年

40 紙幣製作の遺伝子─お雇い外国人の活躍

日本の紙幣に描かれてある肖像画は、彫刻者による凹版彫刻と機械彫刻によって作成されている。このヨーロッパ式の典型的な彫刻技法である凹版彫刻技法を日本に紹介したのは、明治時代の御雇外国人エドアルト・キヨッソーネである。

キヨッソーネは１８３３年1月、イタリアジェノバの西にあるアレンツァーノという村で生まれた。14歳の時に美術学校に入学し、卒業すると同校の彫刻教師の工房に勤めた。彼の銅版彫刻は評判を呼び、１８６２年には王立ブレラアカデミーの名誉会員として認められ、１８６７年にはパリ万国博覧会の版画で銀賞を受賞している。

この時期、彼の銅版彫刻の才能は世界的に認められていたが、本人はそれ以上に紙幣や証券の製造（肖像）に関心を持つようになる。自らの技術を生かし社会に貢献しようと考えたようだ。ドイツで印刷されていたイタリア紙幣の監修を任された際には、国立銀行理事長に「紙幣は芸術的に優れたものほど偽造されにくい」「紙幣の製作には精緻さやトーンの多様性などを実現するためにも銅版彫刻が最良」などと提言している。自身も紙幣や証券に銅版彫刻の成果を盛り込むため、紙幣製造技術を学びそれを完璧に習得した。

ただ、残念ながらイタリアではその技術を生かし理想を実現する機会が得られなかった。そうして活躍の場として選んだのが、当時、近代化を模索していた日本だったのである。かくしてキヨッ

参考図書　明治学術学会・㈶印刷局朝陽会編『お雇い外国人　キヨッソーネ研究』中央公論美術出版，1999年

キヨッソーネ
出所：国立印刷局
お札と切手の博物館

神功皇后図を印刷した一円札
出所：日本銀行貨幣博物館

ソーネは明治8（1875）年1月に日本の地を踏んだ。

来日後のキヨッソーネは浮世絵を始めとした日本の美術品を多く鑑賞・収集するとともに、大久保利通や三条実美など明治維新期に活躍した人々の肖像画を描いている。また、神功皇后、武内宿禰、和気清麻呂など多くの紙幣の肖像にもかかわった。当然、これらの人物の写真は残っていないが、キヨッソーネは文献や資料から肖像をイメージし製作したという。

キヨッソーネは紙幣技術の伝授と製作に精力を傾け、紙幣の透かしの技術なども指導した。現代日本における肖像彫刻の基礎には、キヨッソーネが指導した凹版彫刻の確かな技術と精神が遺伝子として備わっているのである。

明治31（1898）年4月11日、キヨッソーネは千代田区麹町の自宅で他界した。来日してからの27年間で、彼が集めた作品は浮世絵（版画・肉筆画）を始め仏像、絵画、陶器など1万5000点以上にのぼり、現在はイタリアのジェノバにあるキヨッソーネ東洋美術館に所蔵されている。

41 武士の退職金―秩禄処分の実施

明治4（1871）年、明治政府は廃藩置県を断行し、幕藩体制《ばくはんたいせい》は解体した。このとき、明治政府にとって、財政上の大きな課題は士族への給与支給であった。というのも、廃藩置県以前は、各藩が士族に給与を支給していた（家禄《かろく》）。さらに、明治維新に功労があった者に対しては、賞典禄《しょうてんろく》が支払われていた。家禄と賞典禄は、総称して秩禄《ちつろく》とも呼ばれる。

この時期、全国の士族は40万戸、200万人といわれ、当時（第5期、明治4年10月～明治5年12月）士族への支給額は約1600万円（内訳は家禄1530万円、賞典禄65万円）にも上る。その金額は同年度の経常歳出額の約38％を占めていた。明治政府は新しい政治を推進するためにも、この財政上のうみを除去する必要があったのである。

明治4年10月、明治政府は身分制を解いて、華族や士族であっても農業や商工業などを営んでも構わないとする帰農政策を実施する。さらに、明治6（1873）年12月、希望者に対し、秩禄の返還を許可した。当時の米相場で換算して4～6年分を退職金とし、その半額を現金で支払い、残額は8％利子の公債証書を発行して支払った。これによって、明治政府は秩禄支給総額の4分の1を整理する。一方、士族は受け取った現金を元手に事業を興すものの多くが失敗する。

そして、明治9（1876）年8月、明治政府は金禄公債証書発行条例を公布し、全面的に秩禄の処分を図った。これは華族や士族の秩禄高に応じて、数年から十数年分の金禄公債証書を与えるもの。利率は年間5分～1割で、明治11（1878）年7月から発行された。金禄公債の支給を受けたのは31万人余り、交付金額は1億7500万円弱にも上った。これは明治10年度の年間の歳出額の3倍以上になる。

金禄公債証書

出所：日本銀行金融研究所

この金禄公債の償還は、明治15（1882）年から始まり、明治23（1890）年におおよそ終了した。この時の金禄公債は、各地に設立されつつあった国立銀行の設立資金に充てられた。つまり、国立銀行が独自に発行できる紙幣である国立銀行券の抵当を公債証書で政府に預けたのである。明治政府は、銀行設立資金を武士の退職金として支払われた金禄公債に期待した。

多くの士族は、金禄公債の利子による生活を望んでいたものの、実際は厳しかったようだ。だが見方を変えれば、近代の銀行設立に寄与したともいえる。明治政府は秩禄処分問題を解決すると同時に、各地の銀行設立にも取り組んだのである。

42 国立銀行の誕生——「金禄公債証書」発行の混乱を防ぐ

明治政府は、明治6（1873）年から明治9（1876）年にかけて、秩禄処分《ちつろくしょぶん》を行った。これは、武士への給料である家禄や明治維新の勲功者に支給した禄米である賞典禄を廃止し、その代わりに退職金となる金禄公債証書で支払うこと41参照。この退職金は公債を発行することで対応していたが、明治11年7月には当時の金額で年1億7000万円もの金禄公債証書が発行されることになった。これだけの公債が一挙に発行されることで、市場における貨幣量が膨らみ、急激なインフレを招く危険性があった。

そこで明治政府は、金禄公債証書の発行対策として、国立銀行の設立に動く。この場合の国立銀行は、「国営の銀行」を意味するのではなく、米国の「ナショナルバンク」を訳したものだ。実は、米国でも南北戦争の際に不換紙幣を乱発しており、これを整理するにあたって、各地に設立したナショナルバンクが効果的な役割を果したといわれる。

明治5（1872）年、日本各地に国立銀行の設立を認める国立銀行条例が出された。特色は、各々の国立銀行が独自に紙幣（国立銀行券）を発行できること。ただし、国立銀行設立の条件が厳しかった。例えば、紙幣の発行にあたっては正貨兌換《せいかだかん》を保証しなければならない。つまり、正貨を市中に流通させるか、紙幣を流通させるかの違いであり、実のところ、国立銀行が紙幣を発行するメリットはなかった。結局、渋沢栄一が設立した第一銀行をはじめとした4つの銀行しか設立され

第一国立銀行が発行した10円札　「この紙幣を持参した人へは何時たりとも必ず拾円と交換（兌換）する」と明記されている。

出所：日本銀行貨幣博物館

なかった。

明治9年、国立銀行条例が改正された。内容は、設立条件と紙幣発行条件の大幅な緩和である。その結果、全国各地に１５３の国立銀行が誕生した。認可された順に番号が振られ、第一銀行から第百五十三銀行まで設立された。１００年以上経った現在でも、十六銀行（岐阜）、十八銀行（長崎）、七十七銀行（宮城）、百五銀行（三重）、百十四銀行（香川）——など国立銀行の名残がある地方銀行が多い（現在ある八十二銀行は、第十九国立銀行と第六十三国立銀行が合併したことによる）。

明治政府は、この国立銀行の設立を通じて、秩禄処分によって発行した金禄公債証書を吸収することができた。その後、国立銀行は地場産業の振興の中心を担っていくのである。

43 郵便貯金の始まり―巨大金融機関の登場

現在、ゆうちょ銀行の資産は、約209兆円である（2008年末）。日本を代表するメガバンクの三井住友銀行が183兆円（2019年9月）よりも巨大な金融機関である。

郵便貯金制度は、明治7（1874）年に制定された貯金預リ規則に基づき、翌年から実施された。このときは、国立銀行条例が制定されたものの条件が厳しすぎて銀行設立が見合わされていた（42参照）。設立が始まるのはその2年後の国立銀行条例改正以降であることを考えると、金融機関はほとんど設立されておらず、代替となる事業が求められていたのだろう。

この郵便貯金制度は、英国のPost Office Savings Banksの制度に倣ったもので、ニュージーランド、ベルギーに次ぐ世界で4番目に取り入れられたものである。郵便制度の整備に尽力した前島《まえじま》密《ひそか》は、庶民の貯蓄を推進するために制度を導入したと次のように紹介している。

> 我が国の中下層の国民たちは、元来、貯蓄するという精神が不足している。特に東京では「宵越《よいごし》の銭を持つは恥なり」と考える者が多い。そのため、貧困であるばかりでなく風紀も乱れ、しかも様々な悪い習慣が生じている。こうしたことを予防するためには、経済上の慣習に基づき、貯蓄心を涵養することこそが大事であると考えるに至った。さらに英国に渡った時に郵便貯金の状況を見るにつけ、優れた実績を上げているだけでなく庶民の風紀も良い。貯蓄されたお金は国債の償還や国家の有益な事業に融通し、国家経済の大いなる資金となっている。自分

参考図書　吉川卓治『「子ども銀行」の社会史』世織書房，2016年

は、帰国したらすぐにこれを実施すべきであると考えた。

ただ、そうは言うものの制度が始まった当初は、貯金の預け入れは10銭以上、5銭を単位としなければならなかったし、明治9年ごろの郵便貯金取扱局所（現在の郵便局）は都市部を中心に90局程度とわずかであった。よって、郵便貯金制度の設立趣旨とは裏腹に、貯金者の中心は富裕層の大口貯金だった。

しかしその後、最低預入金額は10銭以上を維持しつつも、明治16年には厘（1銭は10厘）単位の預け入れを可能にした。しかも、翌年からは即時払いも始まった。また、一番の懸案だった郵便貯金取扱局所（郵便局）も三等郵便局制度（三等局の局長は一定規模の土地や家屋を所有する20歳以上の男子から任命され、俸給はないが下級官吏の身分が与えられた）が浸透し、全国に設置が広がり明治17年には4500局にまで増加した。明治末年には7000局を超えたとされる。

そして、松方デフレ期に多くの国立銀行が苦境に立たされるなか、国営である強みを生かした郵便貯金は貯金高を急速に増やしたのである。

前島密

金融見聞録

郵便事業は日本各地に設置されている郵便局を通じて，広く国民に提供されるサービスのことである。日本郵政公社が担っていたが，2007年に郵政民営化となり，国営の郵政三事業が民営になった。郵政三事業とは，郵便業務（日本郵便），郵便貯金（ゆうちょ銀行），簡易生命保険（かんぽ生命保険）のことである。

44 日本銀行の設立―松方正義の決意

(1) 大隈重信と松方正義

日本の金融史のなかで、大きな出来事の1つとして取り上げられるのが日本銀行の誕生である。日本銀行は薩摩藩出身の松方正義によって設立されたが、そこには大隈重信らの行動も起因している。それでは、日本銀行が設立された背景をみてみよう。

明治5（1872）年の国立銀行条例によって、全国各地に国立銀行が設立されたが、これは士族にとって給料が召し上げられることと同じ意味を持つ秩禄処分が関係している41参照。明治維新政府の処遇に不満をもった士族により、佐賀、熊本、福岡、山口など各地で反乱が起きた。なかでも最大の反乱が、明治10（1877）年2月、西郷隆盛が鹿児島で決起した西南戦争である。西郷といえば、明治維新の功労者であり、戦況いかんによっては、明治政府の根幹を揺るがしかねない。この負けられない戦いに、政府は巨額の戦費を投じた。

この間、大蔵卿として財政を担ったのが大隈である。大隈は財政通として知られ、由利財政（太政官札発行）の混乱を収束させた人物。開明派であり、鉄道敷設などにも積極的であった。ただし、積極財政がなされるということは、歳出が膨らむ。財源を地方に求めたために、一時期、大久保利通に厳しく批判されたこともあったが、大久保が政府の実権を握ると、伊藤博文と共に大久保を支えた。

参考図書　室山義正『松方財政研究』ミネルヴァ書房，2004年

松方正義

大隈は大久保が暗殺された後も大蔵卿として、積極財政を推進した。積極政策を推進して国内産業の振興を図り、輸出を拡大することで貿易赤字を解消しようとしたのである。財政源として外債を導入することにも積極的であった。ところが、明治14年政変（1881年）で大隈ら進歩的官僚層が失脚、追放された。このとき、外債導入に猛烈に反対したのが松方である。ここから、松方がらつ腕をふるうことになる45参照。

(2)「松方デフレ」による経済の大手術

西南戦争に多額の財政支出をしたため国立銀行券を乱発し、結果、激しいインフレを招いていた。インフレは経済成長によって起こるのであれば問題ないが、このケースは政策の失敗である。人々が一生懸命働いて得た賃金が、その価値を果さなくなるからだ。やがて人々は産業などに従事せず、「正業」を無視して「投機」に積極的となり、相場を追い求める風潮になった。つまり、インフレでありながら、生産活動は停滞した。このとき、当時の大隈が積極的な財政政策の切り札として実施しようとした外債の導入を松方がよしとせず、強く反対したことは前述のとおりである。

明治十四年政変で大隈が失脚し、進歩的官僚層が失脚・追放されると、松方が後任として大蔵卿に着任する。大蔵卿に着任した松方は、財政支出を抑制し、市場に出回っている貨幣量を調整して

「貨幣の信用」を確立することを考えた。

結果、実施したのが、デフレ政策と日本銀行の設立である。市場に出回る貨幣量を減らすということは、自ずとデフレを招くことになる。これが有名な松方デフレである。もちろん周囲から政策への反対もあったが、松方は強い決意で押し切った。この松方デフレによって、窮乏に陥った企業もあったが、最近の研究成果では影響は意外と少なかった――という見方がある。期間が4年程度と比較的短期だったため、厳しかったがなんとか耐えることができたようだ。たとえるなら、毒矢を治療するのに手術したが、手際がよかったため、痛みも比較的少なく済んだという感じだろうか。

松方はこの〝手術〟で、人々の経済行動を「投機」から「正業」へと戻した。そして、明治15（1882）年、中央銀行である「日本銀行」を設立する。日本銀行だけが銀行券（紙幣）の発行権を持つようになり、これまで出回っていた国立銀行券などの発行を停止させ、回収した。そのうえで、銀貨と紙幣の価値を等しくすることを目指した（兌換銀行券）。かくして、民間の経済活動が活発となり、企業勃興へと結びついたのである。

日本銀行本店　当初は永代橋の旧北海道開拓使物産売捌所で開業した（上）が，1896年に現東京都中央区日本橋に新築移転した（下）。

出所：日本銀行金融研究所

金融見聞録

日本銀行は中央銀行として，３つの性格を有している。１つ目は，わが国唯一の発券銀行として日本銀行券を発行する。２つ目は，銀行の銀行といわれ，都市銀行や地方銀行に対して預金，貸出，債権，手形の売買等の取引を行う。そして３つ目は，政府の銀行として政府の収入，支出をすべて日本銀行の政府預金の受け払いとして処理するとともに，国庫（国の資金）や国債，そして外国為替などの業務を行う。こうした，①唯一の発券銀行，②銀行の銀行，③政府の銀行という３つの性格に基づき，市中の資金量を調整し，公定歩合操作（日本銀行が銀行に貸し出す金利を操作する方法），公開市場操作，窓口指導などを手段としながら金融政策を推進する。

45 外債で戦費負担―海外からお金を借りるということ

外国から借金をする外債。これをめぐってはさまざまな議論がある。どこから借りても同じなのだから、外国から資金を導入し返済してもよいという主張である。他方、外債を発行してまで自国経済を成長させる必要はないという見方がある。

外債導入をめぐる議論は明治初期からあった。大隈重信による外債導入提案は有名である。明治政府の財政健全化のため外債を取り入れようとしたのである。これに松方正義は強く反発した（44参照）。結局、大隈は大蔵卿を辞し、松方正義が大蔵卿に就くことで、緊縮財政を実施し（松方財政）政府財政の正常化を実現した。

その後しばらく外債の議論はなかったが、日露戦争の時に初めて外債を発行する。明治37（1904）年5月から11月にかけ5回に分けて英国・米国を中心に日本公債を発行した。第1回目は1000万ポンド（約1億円）、第2回目は1200万ポンド、第3回目、第4回目が3000万ポンドで、第5回目が2500万ポンドと、合計1億700万ポンド、日本円にして10億円以上の外債を発行した。第1回目と第2回目は元利償還に関税収入を充て、第3回目からはたばこ税を担保とした（このとき、英国で外債獲得に尽力したのが高橋是清である）。しかし、日露戦争終戦時のポーツマス条約によりロシアから賠償金を得られず、政府の借金は棚晒《たなざら》しになると、国民の不満は日比谷焼き打ち事件などを招くことになる。

参考図書　大矢野栄次『経済学で紐解く　日本の歴史（上巻）』同文舘出版，2013年一度、外債の「うまみ」を覚えると、どんどん外債を利用する。国内の民間資金を補うため、内国債の償還は新たな外債の発行で対応した。さらに地方債や社債も海外から募集する。明治43（1910）年末には日本の対外債務累積高は総額で17億7000万円を超えた。

こうした債務高は、第一次世界大戦の好景気によって皆済できたという説もあるが、最近では、到底返済できる額ではなく、借り換え債を発行し、返済計画を長期化させていたという説が有力である。第一次世界大戦はおろか、20年以上たった昭和5（1930）年の金解禁時になっても返済しきれていなかったのである。

六分利付英貨債証券　1904年にロンドンで発行された外債。

出所：日本銀行金融研究所

金解禁の際、円の価格を旧平価とすべきか新平価とすべきか大きな議論が巻き起こった64参照。旧平価にすることで、不良企業が整理され国際競争力を強めることも目的の1つであったが、それ以外に外債への対応でもあった。外債の返済を考えると、旧平価のほうが国民の負担額は少なくなり、有利であるという判断もあったのである。

46 初代日銀総裁・吉原重俊―松方正義を支えて

日本銀行総裁は、経済政策の一翼である金融政策を担う。現総裁の黒田東彦は31代目（令和2年現在）である。その初代総裁は吉原重俊で、就任時の年齢は38歳であった。

日銀は、明治15（1882）年10月に設立した44参照。日銀の首長は、この時から総裁と呼ばれている。当時、総裁という肩書きは稀であった。しかし、大蔵卿（大臣）の松方正義は、「日銀は全国的に信頼を高め、銀行の基礎となるべきだ。よって総裁の任命も丁重に行うべきである。イギリス、フランス、オーストリア、ドイツの中央銀行の首長は勅任奉戴によって行われている。まして や日本の企業や銀行は海外からの信用が低いので、政府が手厚くしなければ信用を得られない」と述べている。日銀総裁は天皇の命令で任じられる勅任とし、副総裁は天皇に奏上して任命される奏任としたのである。

このとき、大蔵少輔であった吉原が初代の日銀総裁に任じられたが、候補者はほかに2人いた。大蔵大書記官の富田鉄之助と、大蔵権大書記官の加藤済である。結局、富田は副総裁（のちに2代目総裁）となって吉原を補佐し、加藤は大蔵省に残った。

吉原は、薩摩藩士の家に生まれた。藩校である造士館で学び、12歳で漢文を読みこなした俊才として知られる。ただ血気盛んなところもあった。寺田屋事件に参加し、国元での謹慎処分を受けている。その後、米国へ留学した。もともと外務省に所属していたが、大蔵省へ異動。同じ薩摩藩出

参考図書　吉野俊彦『歴代　日本銀行総裁論』（学術文庫）講談社，2014年

身の松方に重用され、日銀創立事務委員を務めた。

吉原の総裁としての業績で一番知られるのは、松方財政に協力したことだ。具体的には、不換紙幣を回収し、代わりに銀兌換銀行券を発行して通貨価値の安定を図った。世界的には金本位制が進んでおり、外資を導入するには金兌換銀行券になるまで待たねばならないため、その意味で不完全であるという意見もある。だが、それでも銀兌換によって通貨の価値を安定させたという点では大きな功績といえるだろう。

	氏　名	16	渋澤《しぶさわ》敬三《けいぞう》
1	吉原《よしはら》重俊《しげとし》	17	新木《あらき》栄吉《えいきち》
2	富田《とみた》鐵之助《てつのすけ》	18	一萬田《いちまだ》尚登《ひさと》
3	川田《かわだ》小一郎《こいちろう》	19	新木栄吉〈再任〉
4	岩崎《いわさき》彌之助《やのすけ》	20	山際《やまぎわ》正道《まさみち》
5	山本《やまもと》達雄《たつお》	21	宇佐美《うさみ》洵《まこと》
6	松尾《まつお》臣善《しげよし》	22	佐々木《ささき》　直《ただし》
7	高橋《たかはし》是清《これきよ》	23	森永《もりなが》貞一郎《ていいちろう》
8	三島《みしま》彌太郎《やたろう》	24	前川《まえかわ》春雄《はるお》
9	井上《いのうえ》準之助《じゅんのすけ》	25	澄田《すみた》　智《さとし》
10	市来《いちき》乙彦《おとひこ》	26	三重野《みえの》康《やすし》
11	井上準之助〈再任〉	27	松下《まつした》康雄《やすお》
12	土方《ひじかた》久徵《ひさあきら》	28	速水《はやみ》　優《まさる》
13	深井《ふかい》英五《えいご》	29	福井《ふくい》俊彦《としひこ》
14	池田《いけだ》成彬《せいひん》	30	白川《しらかわ》方明《まさあき》
15	結城《ゆうき》豊太郎《とよたろう》	31	黒田《くろだ》東彦《はるひこ》

歴代日銀総裁

出所：日本銀行ウェブサイト

もう1つは、現金通貨の発行量を抑制するために、為替手形約束手形条例を公布したことである。大量の商品を売買する際、現金取引よりも手形が簡便であるとして、為替手形や約束手形の積極的な利用を推奨。このため官営工場などは、民間業者との取引の際に現金決済ではなく、手形による決済を意図的に利用した。

吉原は、明治20（1887）年12月、在任中に死去。43歳であった。

47 損害保険業の誕生―安心・安全を如何に担保するか

日本史における保険の始まりは、戦国時代にさかのぼる。安土桃山から江戸時代初頭にかけて朱印船貿易《しゅいんせんぼうえき》が活発になった際、海難事故などに伴う損失のリスクを船主の代わりに大名や豪商が引き受けて、相応の利益を得る投《な》げ銀《がね》という仕組みがあった 12参照。これが保険の一種と考えられる。

近代以降の損害保険の登場に一役買ったのは、福沢諭吉と大隈重信である。

幕末期、福沢は数回にわたって江戸幕府の遣外使節に随行した。訪問先の米国ではさまざまな図書を買い集めた。その費用は2000両に上るといわれる。購入した大量の図書は、現地の保険会社で積荷保険をかけて日本へ送った。このため福沢は「保険契約を初めて行った日本人」といわれている。

福沢は米国からの帰国後、『西洋旅案内』を記した。同書の付録のなかで、「災難請合の事」として保険の意味と仕組みを解説している。主な内容は、①主人が病気や災難等で死後、妻子への扶助を意図した「人の生涯を請け合う事（生命保険）」、②家や商売品、田畑等に火事が発生したり、雷が落ちた場合、損失を償う「火災請合（火災保険）」、③海中での難船や海賊船による略奪等が発生した際、船や荷物の代金を償う「海上請合（海上保険）」の3つであった。

一方、大隈も動いていた。明治政府が御雇外国人として招いた一人に、パウル・マイエットというドイツ人学者がいた。彼は郵便貯金制度の開始のために招かれたが、来日すると、保険制度が存

参考図書　日本損害保険協会会史編集室編『日本損害保険協会70年史』日本損害保険協会，1989年

在しないことに着目する。当時の日本は、自然災害、戦争、火災などによる家屋の損害が甚大であり、彼は「国民生活の安定と産業の発展向上には、ドイツが導入している公営火災制度を日本でも実施すべき（国営強制保険論）」と説いたのである。

その頃、大蔵卿（大蔵大臣）を務めていたのが大隈だ。明治12（1879）年、大隈はマイエットを火災保険の事務顧問に任命。大蔵省内に、火災保険取調掛（係）を新設した。国営強制保険の重要性を認識したうえでの行動だった。

大隈重信

福沢諭吉

その後、大蔵卿は佐野常民に引き継がれ、明治14（1881）年に家屋保険法案が提出された。しかし、官営事業の民営化が推進されていた時期と重なったこともあり、国営強制主義という火災保険の考え方は多くの反対で認められなかった。

ただ、この火災保険の考え方は、同法案の作成に参画していた東京府知事・松田道之へと引き継がれる。明治20（1887）年、公営ではなく民営の株式組織である東京火災保険会社として発足するに至ったのである。

日本全国で激甚災害が発生する現在、国民生活の安定を考えると、国営強制保険論は見直されてもよいかもしれない。

48 北海道拓殖銀行の設立―北海道の開発を目的に

近代北海道の経済発展を意図して明治32（1899）年に北海道拓殖銀行法が制定され、翌年2月、北海道拓殖銀行は特殊銀行※として設立された。本店は札幌市。戦前は樺太にも支店を開設し、戦後は普通銀行として北海道経済を支えた。しかし平成9（1997）年11月に経営破綻し、翌年、北洋銀行、中央信託銀行に業務が引き継がれた。

北海道拓殖銀行の設立は、北海道の移民政策など国策とも関係する。このため、開墾費用などの農業関係資金を始めとして、移民の増加などによる商工業への資金供給を担った。例えば、農業発展を期待した不動産抵当の30年以内の年賦償還貸付（契約期間を決め毎年一定の金額を返済する）を実施することで、開墾を奨励した。また、区町村に対しては無抵当の長期貸付を実施し、北海道の土地改良、灌漑排水、港湾造築などの社会資本整備の後押しをした。もちろん、当時の普通銀行のように、短期貸付や社債の受け付け、預金業務なども行われていた。

北海道拓殖銀行の業務内容は非常に広範囲であったが、特殊銀行ということで政府が設立時の資本金3分の1（100万円）を出資しており、政府の保護、監督権が強かった。このため、年賦貸付利子の最高歩合や配当などは政府の許可を必要とした。

設立時の趣旨に立ち返れば、同行の成長には北海道の農業の持続的発展が欠かせない。農業が安定すれば、移民が定着するので長期貸付が重要だったが、設立当初は思うようにいかなかった。

※特定の経済支援を目的として設立された銀行のこと

借入希望者は多くいたが、信用力が十分ではなかったため、同行は申込件数の44・5％を謝絶（または取消、撤回）した。当時の北海道の農民は、農業への執着心が弱く、職業を簡単に変えることがあったり、土地が災害を受けやすく生産が不安定だったことが影響している。結果、1件当たり貸出金額は「担保となる土地の時価の5分の1程度」と低く抑えられ、しかも金利が高かったといわれている。そのため、北海道農会などから不満が噴出している。結局、明治38（1905）年に北海道拓殖銀行法が改正され、短期による無抵当の連帯貸付が同行の新しい業務となり、その後、農具購入資金の貸し出しも可能となった。地域経済の発展を総合的に担わなければならないという社会的責務と、地域の苛酷な現実の狭間のなか、北海道拓殖銀行は北海道の経済発展を一歩一歩牽引した。

名　称	設立時期	対象
横浜正金銀行	1880年	貿易金融，外国為替専門銀行
日本勧業銀行	1897年	地主層を対象とした「農業の改良普及」の資金供給
農工銀行	1898～1900年	各府県の小地主，自作農層を対象とした「農業の改良普及」の資金供給
北海道拓殖銀行	1900年	北海道開拓
日本興業銀行	1902年	動産銀行，長期・大口の産業資金需要に対応
台湾銀行	1899年	植民地中央銀行
朝鮮銀行	1911年	植民地中央銀行
産業組合中央金庫	1923年	産業組合の中軸機関
商工組合中央金庫	1936年	中小企業融資
戦時金融金庫	1942年	軍需融資
南方開発金庫	1942年	戦争遂行のための戦時金融機関
外資金庫	1945年	戦争遂行のための戦時金融機関
共同融資銀行	1945年	
資金統合銀行	1945年	

特殊銀行について

出所：伊藤正直「特殊金融機関」『国史大辞典　第10巻』吉川弘文館

参考図書　『北海道拓殖銀行史』北海道拓殖銀行，1971年

49 士族銀行と丁稚銀行―小さな銀行のプライド

明治5（1872）年の国立銀行条例、明治9（1876）年の改正によって、国立銀行が全国に153行誕生した42参照。この国立銀行の系譜が現在の地方銀行であり、地域経済において重要な役割を担ってきた。一方、明治9年に設立された三井銀行は、日本最初の私立銀行である。当時、三井銀行は別格として、一般に私立銀行は国立銀行に比べて零細な印象があった。

ここで取り上げる福井県では、国立銀行として福井第九十一銀行、福井第九十二銀行、武生第五十七銀行、小浜第二十五銀行の4行が誕生した。ただ、県下の国立銀行は士族が中心に設立したため、サービスの質は高くなかったようだ。例えば、荷為替を組んでも手数料や金利が高く、しかも取り扱い運送店は内国通運に限定されていたなど不便であった。

そこで、敦賀で廻船問屋を営んでいた大和田荘七は、銀行業に対するリスクを感じつつも、松方正義の勧めもあって銀行の設立を決意。明治25（1892）年10月、私立銀行の大和田銀行を設立したのである。

同行では荷為替期限を5日、日歩を3銭（国立銀行は8銭）と他行よりも好条件にした。さらに日本銀行の支援を受け、各地の銀行と無担保でコルレス契約（銀行相互間の為替取引契約）をできるようにした。頭取の大和田は開業前に「これまでの銀行（国立銀行）は、いわば士族銀行である」とし、「大和田銀行は呉服屋式で、顧客には親切丁寧に対応するように」と行員に指示した。

参考図書　『福井銀行八十年史』福井銀行，1981年

他方、国立銀行では設立当初、頭取室のことを頭取役場、現在のロビーを人民控所と呼んでいた。また、取引先など顧客に対しては、名前を呼び捨てにしていた。それに対し、大和田銀行の行員は前垂れを掛け、客の出入りには必ず声をかけて敬意を表し、送迎時には叩頭《こうとう》を行うようにした。叩頭とは、中国古来の拝礼の1つで、両手を胸の前で重ね合わせ、勢いよくおじぎするものである。このため、世間からは「丁稚銀行」や「燕銀行」などとも呼ばれた。

福井県敦賀市にある旧大和田銀行本店　現在は敦賀市立博物館として利用されている。

明治32年恐慌で銀行の存続が危ぶまれた時には、頭取の大和田自身が20万円（当時、白米10kgを1円15銭程度で購入できた）もの私財を投じて危機を回避。結果、明治44（1911）年末には、預金・貸出金残高いずれも県下トップにまで登りつめた。その後も経営は堅調で、零細な銀行を吸収し規模を拡大する。

戦時期の一県一行主義に基づき、福井銀行が県内の銀行を編入するなか、大和田銀行は吸収に同意せず、昭和20（1945）年10月に三和銀行（現三菱東京UFJ銀行）の吸収合併に応じることになる。

50

銀行林立の時代――理念をもった銀行の重要性

1つの業種に多様な企業が存在することは、決して悪いことではない。企業間で競争が起こり、商品やサービスにさまざまな工夫が施されるようになるからだ。ただ銀行業となると、話は変わる。公共性を有するため、仮に1行でも経営破たんすると、市民生活に大きな影響を及ぼしてしまう。歴史を振り返ると、銀行が地域に林立し、経営破たんが続出したケースは少なくない。ここでは、宮城県を例に紹介しよう。

明治20年代前半までは、宮城県下に七十七銀行しか存在しなかった。ところが、明治20年代後半から日清戦争後の好況期にかけて、県内各地で銀行の設立が相次いだ。仙台銀行（明治25年6月）、仙台貯蓄銀行（26年3月）、宮城貯蓄銀行（同年5月）、白石商業銀行（29年10月）、宮城商業銀行（30年4月）、宮城県農工銀行（31年3月）、商業貯金銀行（32年2月）、国民貯蔵銀行（同年4月）、通商貯蓄銀行（同年7月）、松良銀行（33年7月）――である。ほかには、七十七銀行の行員たちが積み立てた「親愛講」を発展させた仙城銀行（32年3月）も設立されている。

この時期に小規模銀行の新設が頻繁に行われた理由として、3つが挙げられている。

1つ目は、約束手形が発達したことで、金貸し業者が各自の債権を集めて株式に組み替えて、「銀行」という名義で業務を拡張したケース。つまり、金貸し業の延長線上として、銀行業を始めた。

2つ目は、感情的理由である。ある地域に銀行が設立されたことで、別の地域の人びとは「我々

参考図書　百年史編纂委員会編『七十七銀行百年史』七十七銀行，1979年

七十七銀行　明治36年８月に新築移転された本店（宮城県仙台市）。
出所：七十七銀行ウェブサイト

の地域にも銀行がなければ、面目が立たない」という感情が高まり、結果、新設される。

　３つ目は、地方銀行は、地元の有力者によって設立されることが多く、個人や企業の間で対立することもあり、「あそこの銀行からは借りられない」などといった、しこりを見せるのである。

　これらの経緯で新設された銀行は、営業状態が良くなく、設立まもなくして経営破たんしたケースも多かったようだ。ただ、その影響は、限定された地域にとどまった。

　明治33（1900）年ごろ、宮城県には銀行が10行以上あったが、明治38（1905）年末には7行にまで減少する。銀行の設立には、しっかりとした理念と目的が欠かせないということである。

第３章の課題

課題１　なぜ、中央銀行は政府から自立していなければいけないのでしょう。この理由について、理論的な面（理屈）と、歴史的な面（実際のできごと）から説明してください。
課題２　この時期、なぜ、金本位制（銀本位制）を採用する必要があるのでしょう。
課題３　近代の社会経済において、金融（銀行）が果たす役割（意味）を説明してください。

第4章 金融史としての大正・昭和戦前期

1914年	○第一次世界大戦（～1918）
1915年	○大戦景気
1917年	●金輸出禁止
1920年	○戦後恐慌
1923年	●震災恐慌（モラトリアム発令、震災手形発行） ○関東大震災
1927年	●金融恐慌。モラトリアム発令。銀行法公布
1929年	○世界恐慌
1930年	●井上準之助蔵相のもと金輸出解禁、昭和恐慌

金融動揺の時代　恐慌は明治23（1890）年からあったが、金融恐慌（1927年）、昭和恐慌（1930年）と、恐慌を引き起こす原因をたどると金融政策と関わることが多い。金融恐慌の場合は関東大震災のときの震災手形の発行や特別融資が理由の一つとして指摘できるし、昭和恐慌は世界恐慌とも関係するが、日本の金解禁政策の失敗も大きな要因としてあげられる。

「非常時」が叫ばれると、やむを得ず金融緩和が行われるが、景気が落ち着いているときも、敢えて景気を悪くする可能性を招く金融引き締めに舵を切るのは難しい。ただ、この間、懸案事項を未解決の状態で引きずると、結局、恐慌を招くことになる。

当時は銀行が破綻しても、預金者保護がなかったため、「銀行が破綻する」という噂を聞くと一刻も早く預金を引き出す必要があり、取り付け騒ぎが発生する。この取り付け騒ぎが、さらなる銀行破綻へとつながることになったのである。

そして、経済政策に失敗することで、国民の向かう先は戦争へと導かれていく。

昭和恐慌　救済を求めて内務省に集まる人々。

1931年　●ドル買い事件が起こる。高橋是清蔵相のもと金輸出再禁止。管理通貨制度へ
1932年　○血盟団事件（井上準之助、団琢磨など暗殺）
1936年　○二・二六事件（高橋是清暗殺）
　●商工組合中央金庫法公布
1937年　○日中戦争始まる
1941年　○太平洋戦争始まる
1943年　●市街地信用組合法
1945年　○終戦

●金融史事項
○通史事項

51 成金—「金になっても所詮は歩」か、「王を奪取する金」となるか

時代のブームに乗って、大儲けする人は多い。彼らの多くは没落することも多いが、その後、堅実に経営を伸ばし、現在にまで続く場合もある。

将棋の歩が、敵陣に入ると金に成る。これを成金《なりきん》という。一歩一歩の前進だが、成金となることで、相手にとって脅威になる。日露戦争後、時代の寵児として一躍大金持ちになった人びとのことを成金と呼んだ。

最初に成金と呼ばれたのは、伝説の相場師「鈴久」こと鈴木久五郎である。日露戦争から明治40（1907）年にかけて、東京鉄道株、東（東京株式取引所）株、鐘紡《かねぼう》株などで仕手戦を演じて成功し、巨万の富を得た。しかし、明治40年恐慌が到来し、株価が暴落して破たんする。晩年の久五郎は、回収の手から逃れるため、30回以上も引っ越したという。

その後も、第一次世界大戦などで大儲けした人物は続いた。成金の活動は派手なことが多く、人びとから妬みや嘲笑の意味もあり、注目を集めた。とくに造船業界は、大戦の影響で多くの成金を輩出し、船成金といわれた。三大船成金の1人である内田信也は、須磨御殿と呼ばれる百畳敷の大広間を持つ大邸宅を作った。同じ船成金として知られる山本唯三郎は、200人余りを引き連れて、朝鮮で虎狩りをし、虎肉の試食会を開いた。さらに、玄関が暗いため、紙幣を燃やして明りにしたエピソードは有名だ（図）。ほかに、世間には綿糸成金、土地成金などがいた。

東京日日新聞の風刺画　1917（大正６）年。

第一次世界大戦が終わると、価格暴落や戦後恐慌で大打撃を受け、多くの人びとが没落する。内田が須磨御殿を手放したのは大正11（1922）年のことである。

「金になっても所詮は歩」などと冷笑され、思惑と投機で巨万の富を得ても、結局は没落する。彼らの行動は「成り上がり者」などと呼ばれ、あまり評価されない。そのためか、日本人はリスクを好まないといわれる。投資よりも貯蓄への志向性が高いし、リスクを恐れ起業する人も少ない。しかし、山下汽船（現在の商船三井）のように時代の寵児として成長しながら、現在も続いている企業は少なくない。「憎まれっ子、世にはばかる」ぐらいの気概があってもよいのかもしれない。

金融見聞録

明治28（1895）年に創刊された雑誌『太陽』（博文館）では，大正13（1924）年から『明治大正成金史』というタイトルで連載が行われたが，この連載を本として刊行するときには『明治大正成金没落史』（越山堂，1925年）というタイトルに変わってしまっていた。

52 地方銀行の倒産―地域も人も銀行次第

第一次世界大戦が終結した大正7（1918）年当時、日本経済は、大戦景気に沸きかえっていた。そのさなか、1つの銀行が倒産した。場所は広島県三原市の三原町。この地域には、西備銀行という地方銀行があり、三原町民の多くはこの銀行に預金していた。同行が倒産したときの新聞記事を意訳して紹介しよう（『芸備日々新聞』1918年6月1日付）。

世の中には、金と生命を代わりにする人が多く居る。『金＝命』の人から金を略奪した享造一味（楢崎享造）は多くの生命を奪った。悲劇の中心地は西備地方（西の備後地方＝現在の三原市域）である。西備銀行が『支払い停止』を発表するや、初めて享造等の毒腕を知り、33万5131円55銭9厘の預金が奪われてしまった。三原町は死の街のように灯が消えた。そして各所で悲劇が起きた。三原町の片岡晋次は苦しい生活と闘い、十数年間寝食を賭して貯めた膏血《こうけつ》（苦心して得た収益のたとえ）の100円余りを預け、老後の杖柱と思って暮していた。片岡晋次は同町でも極めて貧乏であった。走り使いなどでやっと得た金が、支払停止と聞くや、茫然自失し、悲しみのあまり発狂し、破れた衣を地に引摺りながら『銀行が倒れた金を返せ』と独り言をもらしながら、町をさまよっていたが、とうとう、師走も押しせまった寒い夜に、首吊り自殺を遂げた。

西備銀行は三原町に本店があった三原銀行と、勤倹貯蓄銀行が合併して設立された。もともと三原銀行は貸し出しが放漫で資金繰りにひっ迫していた。両銀行が合併して、西備銀行になると、債権、債務をすべて引き継いだ。役員は地元の資産家を加えつつも、従来の役員は残ったままだった。大正元年までは順調に業績を上げていたが、翌年に広島県下の八田貯蓄銀行が取り付け騒ぎにあい、県内の金融界は混乱した。この余波を受け、西備銀行も預金が引き出されることになったのである。そして大正5年9月、広島地方裁判所から破産宣告を受けることになった。その後、破産宣告は却下されるものの、株主総会の決議で大正9年5月に解散するに至ったのである。

人は未来を予測できないが、貯金することで、将来設計は見通すことができる。しかし、銀行経営の失敗があれば、人々の将来設計は見事に崩れてしまう。当時は、ペイオフ58参照もなく、交通事情などで銀行を選べなかった。それゆえに悲劇は、地方経済、さらには人々の悲劇へとすぐに連鎖したのである。

金融見聞録

金は人間の血液にたとえられる。血液がちゃんと循環されていれば，健康でいられるが，体の一部分に疾患（銀行が不調）があると体調が悪くなる。だから，銀行がつぶれるようなことがあれば，社会は心筋梗塞のような状態になるわけである。銀行が倒産することは，地域経済や人々の人生に大きな影響を与えることになる。

53 わが国初の「支払猶予令」──関東大震災と震災手形

大正12（1923）年9月1日午前11時58分、相模湾北西部を震源とし、マグネチュード7・9の関東大震災が起きた。その被害は凄まじく、死者は約10万人。さらに行方不明者は4万5000人弱、負傷者は10万人を超えた。経済活動にも大きな打撃を受けた。東京にある市中銀行448（本・支店）のうち343が類焼したといわれる。震災地の市中銀行は一斉に休業、首都圏を発信地とした経済活動の麻痺は全国に広がった。このとき、一番の問題は債権回収であった。市中銀行は債権回収の見込みが立たず、信用不安が増大し、取り付け騒ぎが起こる恐れが出てきた。

こうした金融に対する不安を払拭するため、当時の首相であった山本権兵衛《やまもとごんべえ》は、同年9月7日に支払猶予令（モラトリアム）を公布施行する。これは、「震災以前に出され9月30日までに支払うべき金銭債務について、震災地域に住む者、または営業所を有する者の支払いは30日間延期できる」というもの。この対応によって大きな混乱を防ぐことができたのである。

さらに、支払猶予令の期限直前となる9月27日、震災手形割引損害補償令を出した。震災被害に遭った企業が振り出した手形、被災地を支払い地とする手形を震災手形とし、日本銀行が特別措置として割り引いたのである。また、企業には支払いを2年間猶予し、日本銀行が割り引きで損失を蒙った場合には政府が1億円を限度として補償した57参照。このことが安心感を広げ、被災地の債務者に資金繰りの余裕を与えた。結果、関東大震災後の経済の混乱は、一応収束をみせたのである。

しかし、大きな課題も残された。日本銀行が割り引きに応じたのは、大正13年度末には4億3000万円にものぼった。これは、第一次世界大戦後の不況で経営が悪化した企業の不良債権までも震災手形として扱われたからだ。震災の被害か否か——その見極めが難しかったのである。

このことがその後の金融恐慌の遠因になっていく。

関東大震災　第一総合ビルから見た神田・日本橋方面（上），焼けつつある警視庁（中），浅草・浅草寺周辺（下）。

出所：https://en.wikipedia.org/wiki/1923_Great_Kantō_earthquake

54 日頃の信用あればこそ—九州における麻生財閥

福岡県中央の筑豊地方は石炭産地として知られる。明治時代、当地は三井、三菱、住友といった中央の資本と共に、麻生、貝島、安川といった地元資本が石炭採掘事業に参加し活況を呈していた。ところが、筑豊地方を地盤とした金融機関は田川郡に香春銀行があるのみで嘉穂地方には皆無だった。そこで明治29（1896）年3月、炭鉱経営者であり地元の名士として知られる麻生太吉を頭取とした嘉穂銀行が創業された。嘉穂銀行は通常の銀行業務に加え、貯蓄業務を取り扱い堅実経営が行われていた。

麻生太吉（幼名・鶴次郎）は子どものころ、早朝に小屋から子牛を出し、草刈りに行くのが毎日の日課だった。ある日、「これだけやればきっと褒められるに違いない」と、野原で大量の草を刈り、束にして子牛に積んで帰宅しようとした。途中、子牛は重さに耐えかねて動かなくなってしまった。結局、半分はおろして帰宅した。この話を家族にすると、父から「身の程をわきまえない人間ほど始末におけない者はいない」と厳しく叱られたという。以来、太吉の座右の銘は「程度大切、油断大敵」なのだという。

さて、大正2（1913）年11月に太吉の養子の実兄が地元有志とともに博済貯金株式会社を設立したが、半年もたたないうちに経営難に陥った。救済要請を受けた太吉は、経営状況を分析したうえで、株式を一時嘉穂銀行重役名義で買収し、そのうえで嘉穂銀行名義に変更し再建した。大正

参考図書
『福岡銀行二十年史』福岡銀行，1969年
『麻生百年史』創思社出版，1973年

麻生太吉　嘉穂銀行の頭取を務めた。
出所：株式会社麻生

4（1915）年10月には博済無尽株式会社と改め業容を拡大。さらに共福無尽と合併し九州無尽とした。しかしその後、大正14（1925）年には、嘉穂銀行が株式を所有していることが他業兼営とみなされ、持ち株全部を売却している。

こうしたなか、太吉は流言を受けている。石炭採掘事業などで財をなした事業を法人化した麻生商会が、ドイツに石炭を密売したといううわさをたてられたのだ。この件で巨額の罰金が科せられ、麻生商会が嘉穂銀行に救済を求めたため、同行も多額の損失を受けたと、両者の癒着を指摘されたのである。

しかし、嘉穂銀行の堅実経営や日頃の信用、太吉の人柄に加え、地元新聞誌が冷静な対応をとるべきで軽挙妄動は慎むべきと説いたため、混乱はほとんど起きなかったという。預金の引き出しも16万円程度で落ち着いた。

たとえ問題が起きたとしても、日ごろの信用があれば、皆も信用し、事なきを得るということだ。

55 Doll project——人形の日米交流

大正の終わりごろ、米国では日本人移民に対する排斥運動が広まり、大正13（1924）年に移民法が成立した。移民の増大に悩む米国は、出身国に応じて移民数を割り当てたが、日本人はアジア人であるため割り当ての対象から外された。結果、日米の間に緊張関係が生まれた。当時、こうした事態を憂慮した米国人と日本人がいた。米国人ギューリックと日本資本主義の父とも呼ばれた渋沢栄一である。

渋沢は、東京商法（商業）会議所初代会頭を始めとして実業界の指導者として知られるが、金融・財政にも深く関わった。明治初期は明治政府の大蔵省に属し、井上馨《いのうえかおる》が大蔵大輔のとき、大蔵権大丞《たいじょう》を務めている。この時、新貨条例、造幣規則、国立銀行条例の起草立案にあたった。第一国立銀行の設立に尽力し、大蔵省の退官後は第一銀行の総監役、そして頭取に就いた。さらに多くの国立銀行の設立にも支援を惜しまなかった。ほかには東京株式取引所の設立にも関与し、近代金融史を語る上で不可欠の人物である。

この2人が民間人の立場から日米関係の改善を図ろうとした取り組みが「Doll project（日米の人形交流）」である。

ギューリックは米国の国民、特に子どもたちに日本文化の理解を深めることを意図し、日本の雛祭りに合わせて米国から人形を贈ることを計画した。雛祭りをはじめとした日本の人形文化を紹介

参考図書　是澤博昭『青い目の人形と近代日本』世織書房，2010年

した冊子を配布するなどして呼びかけたところ、約1万２０００体もの人形が集まり、日本へ贈られた。米国製の青い目をした人形は「友情人形」として盛大な歓迎を受け、国内の幼稚園や小学校に配布された。

一方、渋沢は、日本の職人の技術に裏打ちされた市松人形58体を米国に贈ることを決めた。大量生産が困難な日本は、量より質を重視したのである。クリスマスまでにメッセージカードを付けて贈った。この「答礼人形」もまた米国への平和使節として歓迎を受けた。

青い目の人形を抱く渋沢栄一
出所：渋沢史料館所蔵

しかしその後、日米関係が悪化すると、日本国内の「友情人形」は数奇な運命をたどることになる。「青い眼をした人形　憎い敵だ許さんぞ　童心にきくその処分」などと、新聞の見出しに踊るようになった。人形までもが敵として悲劇の主人公になってしまったのである。悲しむべきことである。

渋沢は、こうした子ども同士の親善を国民外交と呼んだ。政府間の交渉は是々非々となりがちだが、民間人同士の交流はすぐに結果を求める必要はない。むしろ、世界の子どもたちに日本文化を理解してもらい、友情を築くような緩やかな交流こそが肝要である。

56 鈴木商店―世界を驚かした日本の商社

戦前、三井財閥や三菱財閥は米国が震え上がるほどの大きな存在だった。財閥のことを評した報告書に「あらゆる日本の征服と侵略とを可能ならしめたのは彼らであった」と記載され、徹底的な財閥解体を推進したことは著名である（E・ボーレー「日本の賠償についての報告」）。各財閥の中核を担っていたのが、三井物産や三菱商事といった総合商社である。戦間期（第一次世界大戦から第二次世界大戦の間）に、これらと比肩する総合商社が、鈴木商店だった。

鈴木商店は、砂糖商として明治7（1874）年ごろに神戸で創業。台湾が日本の植民地になると、鈴木商店の実質的責任者である金子直吉は台湾総督府と関係を深め、砂糖や樟脳《しょうのう》（樟脳油）の扱いを増やした。樟脳油については、台湾国内における全生産量の65％の販売権を持っていた。

第一次世界大戦が始まると、金子は多くの物資を買い占めた。特に、鉄は兵器や鉄鋼船などの製造に必要なため大量に購入した。そのうえで新造船を発注し、資材の鉄は自らが買い付けたものを使わせた。さらに、その船に羊毛や鉄を積み込み、顧客へ丸ごと売りつけた。これが有名な一船売《いっせんう》りである。

鈴木商店の年商は第一次世界大戦前に1億円程度だったが、大戦終了時の大正6（1917）年には15億円まで急成長を遂げ、三井物産を超えていた。また、鈴木商店は総合商社としてだけでなく、神戸製鋼所、日本製粉、帝国人造絹糸、日本セメント、東亜タバコ、帝国麦酒など60社を超え

参考図書　武田晴人『財閥の時代』新曜社，1995年

る企業の買収や、新会社を設立し一大コンツェルンを形成した。

ただし、鈴木商店には弱点があった。それが金融だ。自身で銀行を持たなかったため、自己資金はほとんどなく、銀行からの借入金に依存していたのである。特に台湾の中央銀行である台湾銀行とは関係が深く、大金を借り入れていた。

台湾の経済は当時、米と砂糖が中心で軍需産業は成長しておらず、大戦景気の恩恵を受けることはなかった。そこで、台湾銀行東京支店を通じ、日本国内への貸し出し増強を図った。鈴木商店の借入金は４億円弱（１９２４年）で、その６割以上が台湾銀行からの借り入れだった。関東大震災（１９２３年）以後、鈴木商店の経営が悪化すると、台湾銀行は日本政府や日本銀行とともに整理案を再三提示しながらも、救済融資を続けていた。

鈴木商店本店　大正５年にみかどホテルを買収したが，大正７年の米騒動で焼打ちされた。
出所：鈴木商店記念館

このとき、昭和の金融恐慌が起こる。台湾銀行東京支店も一時閉店に追い込まれた。しかし、日本政府は台湾の中央銀行である同行を潰すわけにはいかない。さまざまな協議をした結果、日本政府が同行の経営の健全性に責任を負うことになった。その１つとして、同行による鈴木商店への新たな貸し付けを中止させた。借り入れ先を失った鈴木商店は、資金繰りに支障をきたし、経営破たんに追い込まれたのであった。

57 大蔵大臣の「銀行破たん」宣言—不用意な発言が金融恐慌を招く

政治家の発言は重い。ましてや、現職の大臣ともなればなおさらだ。今回は、政治家の軽率な発言が経済の混乱を引き起こした事例を紹介しよう。

昭和2（1927）年3月14日、午後3時ごろのことである。衆議院の予算委員会に際し、大蔵大臣・片岡直温は「本日、昼ごろ、東京渡辺銀行が預金額3700万円ばかりを残して破綻した。誠に遺憾だが、救済のために、財産を整理し引受先を探す必要がある」（意訳）と発言した。

確かに、東京渡辺銀行は当日の午後1時ごろには支払いを停止していた。しかし、資金調達がなされたことで、午後3時から営業を再開。そのため、なんら問題がないものとして、行員たちはソロバンを弾いていた。そこに片岡蔵相の発言である。当然、各方面から問い合せが殺到。この突然の出来事によって行員たちは、問い合せに狼狽し、総立ち状態になった。東京渡辺銀行の支配人も「通常通りに営業を行っており、片岡蔵相の言明は寝耳に水」と困惑するあり様であった。

他方、片岡蔵相側は前日に東京渡辺銀行から支払い停止の報告を受けたことを指摘し、「事実に基づいて発表した」とうそぶいた。

実は、この背景には大きな問題があった。当時、東京渡辺銀行をはじめとした各地の銀行は、関東大震災時に発行された震災手形53参照を保有していたが、回収の見込みが立たない不良債権になっていた。加えて、大正期の経済好況期に行っていた多額の融資が、大正9年恐慌（第一次世界大戦の反動恐慌）と関東大震災の影響によって焦げついていたのである。

マスコミは、片岡蔵相の不用意な発言と東京渡辺銀行の休業を一斉に取り上げた。同時に震災手形の問題が大々的に報じられ、全国各地に伝播した。これが信用不安につながり、取り付け騒ぎへと発展する。各地の銀行が休業に追い込まれた。かくして金融恐慌が引き起こされたのである。

結果、政府は収束策として、昭和２年４月22日から３週間の「支払猶予令（モラトリアム）」を実施。さらに、日本銀行が休業明けの資金融通を円滑にするため、特別融通を行っている。日本銀行は、全国の88行を対象に、７億円近い金額を放出し、事態の沈静化を図ったのである。

問題は震災手形であり、金融恐慌は避けられなかったかもしれない。ただ、政治家は、その火に油を注ぐのが仕事ではなく、火事にならないように未然に策を講じるのが仕事ということを忘れてはならないだろう。

金融恐慌　当時の取り付け騒ぎ（1927年３月23日）。

58 「取り付け騒ぎ」の対処法―信用を得るためには安心を

金融機関に信用不安が起こると、預金などを取り戻そうと、店頭に人々が殺到し混乱する。これを「取り付け騒ぎ」という。有名なのは、昭和2（1927）年に大蔵大臣・片岡直温が、衆議院予算委員会で東京渡辺銀行の破綻を発言したために、全国の銀行で取り付け騒ぎが起きた金融恐慌である57参照。今回は、銀行が取り付け騒ぎを沈静化させた高知県での2つの事例を紹介する。

1つ目は大正3（1914）年1月8日のこと。土陽新聞（現高知新聞）は、土佐銀行（現四国銀行）の経営危機を書き立てた。内容は「土佐銀行の危機」という見出しで、大口の貸し付けが焦げ付いているというもの。これによって系列の高知貯蓄銀行が危機に陥った。翌9日の朝には、大勢の預金者が同行の門前に集まった。行員は実例を挙げ、預金引き出しが不利であると説明したが、混乱は翌日も続き、営業時間を延長して支払いを果たした。

このとき、高知貯蓄銀行は、預金者の安心を図るため、「支払いには資本金、積立金だけでなく、重役の資産全部を提供する」という半ページもの新聞広告を掲載した。さらに、土佐商工連合会、高知商業会議所など15団体が代表者名で、「両行（土佐銀行と高知貯蓄銀行）の営業を精査しても多少の欠損に過ぎず、預金者は心配することはない」という緊急広告を発して沈静化を図っている。

2つ目は大正8（1919）年2月のこと。高知銀行（現四国銀行）は、土佐運輸が倒産し、貸付分の回収が困難になった。さらに当時全国に広がっていた金融不安もあり、同行への信用不安が高

参考図書　四国銀行百年史編纂室編『四国銀行百年史』1980年

まった。このとき同行は「高知銀行の現状」というチラシを作成し配布した。内容は、安田家（安田善次郎・高知銀行顧問、安田善三郎・同頭取）との関係について、「高知銀行の役員であり株主である」と述べ、さらに「一時に多額の金が必要な時は、電報ひとつで数百万円の現金が送金される」というもの。安田家といえば安田財閥のことで、ほかの財閥と比べて金融資本では追随を許さなかった。そのうえで、同行はもう1つの作戦を実行した。安田家に200万円の送金を依頼し、その200万円を来店客からよく見える本店窓口に積み上げたのである。

現在の価値に換算すると、20億円相当。これを見た預金者たちは、安心して預金を引き出さずに帰った。それどころか、他行に預けていた金を引き出して、高知銀行に預ける人もいたという。そうなると今度は「目の保養に一度見ておこう」などと、物見のために来店する人も出て、宣伝にもなった。積み上がった札束の迫力は、今も昔も人を黙らせるようだ。

金融見聞録

現在，日本の銀行が破綻したとしても，残高1000万円の小口預金は保護される。この制度をペイオフ（銀行が破綻した際に預金全額が保護されず，一部がカットされる制度）といわれる。平成14（2002）年3月までは全額保護されていた。こうした制度は，単に預金が保護されるだけでなく，「銀行がつぶれる」という噂が流れても，預金保護がされているため，取り付け騒ぎにならずに済むというメリットがある。

59 地獄に仏—肝心なときこそお客様

「取り付け騒ぎ」は、信用不安の高まりによって発生する57参照。しばしば取り上げられるのが、昭和2（1927）年の金融恐慌である。当時の埼玉県下で起こった出来事を紹介したい。

当時、埼玉県で有力な銀行は中井銀行である。江戸時代では有力両替商播磨屋新右衛門が転身した銀行で、県内に8カ店を展開し、埼玉県の財政金融の一切を執り行っていた。1927年3月19日、その中井銀行が突如休業した。これにより金融市場に与えた影響は大きく、県下の他の銀行への余波も避けられない状況だった。

浦和に本店を置いていた武州銀行は、取り付け騒ぎの対策として、同行の総預金量の3分の1に相当する500万円を用意。各支店へ現金を自動車で配送した。

同年3月22日、武州銀行川口支店では、朝10時の開店と同時に来店客が殺到。払い出しを求める預金者が2階まで列をなした。当時は、現在のように預金者保護の制度（ペイオフ）が整備されていなかったので、預金者の行動は当然ともいえる。

同店での混乱は、昼を過ぎてもなかなか収まらなかった。その最中、来店したのが武蔵屋という呉服屋を営む青山次作である。ほぼ毎日のように同店に足を運んでおり、行員とは顔なじみであった。青山は、預金者でごったがえすロビーを横切ると、預金の窓口の前に立ち、通帳に500円を添えて「預金を願います」と言った。

参考図書　埼玉銀行調査部編『武州銀行史』埼玉銀行，1988年

ほかの預金者たちの「金返せ」という怒号が飛び交う中、預金に来行したわけだ。行員たちは総立ちとなり、最敬礼をしたという。青山は通帳記入を済ませると、通帳を懐に入れて「みなさん、今日は何事ですか」と笑顔で同店を出て行った。これによって、殺気立っていた店内はウソのように静かになり、平穏を取り戻したという。

取り付け騒ぎが起こったとき、当事者の銀行が「安全、安心」をいくら叫んでも、預金者の不安は助長するばかりだ。武州銀行の例では、一人の預金者の行動が、ほかの預金者たちの不安を抑えたのである。武州銀行にとって、青山はまさに地獄に仏であったに違いない。

危機的な状況から逃れることができた武州銀行であったが、同じ県下の忍商業銀行の頭取から「お金を貸して欲しい」と泣きつかれた。要請を受けた武州銀行は当日夜、現金を浦和の本店から忍商業銀行へ届けている。こうして埼玉県の金融業界は、一応の平穏を取り戻すことになった。

しかし、金融恐慌の嵐は全国に広がり、同年4月22日、23日に全国の銀行が一斉休業することになったのである。

金融見聞録

皆さんが銀行に100万円預けたとして100万円引き出すことは滅多にないだろう。高額の金額を引き出すにしても限りがある。他の人もそうである。ある人は100万円引き出す場合もあるかもしれないが，10年間まったく引き出さない人もいるかもしれない。銀行は，そんなことを勘案し（大数の法則に基づき），おおよその平均を取り，余った額を企業などの貸金にあてている。日常的にはこれで問題ないが，災害などのパニックとなると，それがうまくいかなくなる。もっとも大きな災害の場合は，国などによって支援されるが，噂による取り付け騒ぎの場合は，どうしようもなくなる。本来ならば問題ないときでも，預金者が全額引き下ろそうとされると，銀行はたちまち支払い不能になってしまうのである。

60 人の一生は…　―銀行員への「自訓」

人の一生は、重き荷物を背負いて行くが如し、急ぐべからず――。この言葉は、徳川家康の遺訓として「東照宮御遺訓」に収められている。正確には家康が発した言葉でなく仮託されたものだが、〝物事は落ち着いて考え着実に前進させる必要がある〟との意味には重みがある。

時代は変わり、大正13（1924）年9月20日。滋賀県の大津市公会堂で開催された江州同盟銀行会の監査役懇談会の席で「自訓」が配布された。江州同盟銀行会とは県下の銀行の集まりである。当時、県下の銀行業界は安穏ではなかった。第一次世界大戦終結後に起こった大正9年の戦後恐慌の時には近江貯蓄銀行が休業。同11年に江州銀行として再出発したものの、同13年6月には各支店を閉鎖。さらに、大正12（1923）年に発生した関東大震災によって、滋賀県内の景況も悪化していた。こうした状況下で作成されたのが「自訓」である。

内容は冒頭で「銀行の営業は重荷を負うて遠き道を行くが如し急ぐべからず」と「徳川の遺訓」をなぞっている。「漸進を常と思へば不足なし、投機に心起らば営業の本質を思い出すべし」と、着実な経営を主眼とし、投機を戒めている。また「勤倹は無事長久の基、油断は敵と思へ」と、倹約を旨とし油断しないようにとも。経営については「もうくることばかり知りて損することを知らざれば、害其の身にいたる。理に鑑みて事に鑑むるな」と、損失のリスクと経営の難しさを紹介している。そのうえで、その時々の現象に惑わされず、理（道理）に基づく経営を説いた。最後に「己

参考図書　『滋賀銀行二十年史』滋賀銀行，1954年

を責めて終を全うするは、死して責を免る、より難し」と、問題が起きたとき、〝死（辞任）して責から逃げるよりも、自身を責めて生き恥をさらしても全うするほうが大変〟と述べている。銀行マンだけでなく、一般の人にも通じる人生訓である。

しかし、昭和2（1927）年4月15日に滋賀県下の粟太銀行が休業を発表すると、同18日に近江銀行、翌19日には蒲生銀行も店を閉めた。こうした事態を受け、江州同盟銀行会は「時局に鑑み、必要なるときは互いに援助すべし」との声明を出したが効果はなく、18日、19日に発生した取り付け騒ぎは激烈だった。

預金者は窓口に殺到。定期預金は元金だけの支払いで、元帳の照合や出金伝票作成の余裕はなく、通帳の残高と払出印だけで現金を支払う有様だった。日銀から最高限度の現金を借り入れ、銀行の支店間で支払資金の争奪が行われた。窓口では現金の束を積み上げ、職員は「日銀」のしるしが入った半纏《はんてん》を着用して出入りすることで預金者に安心感を与えようとした。結局、4月22日から3週間にわたる支払猶予令（モラトリアム）が公布施行され、ようやく事態は沈静化した（52参照）。

金融恐慌の嵐に、「自訓」の精神はなすすべもなかったのである。

東照宮御遺訓　日光東照宮の参道に掲げられている立て札。

61 最も短命だったお札—最も簡素で、最も高価なお札

若い人には覚えがないかもしれないが、以前の一万円札には聖徳太子が描かれていた。昭和33（1958）年12月1日から発行され、現在でも使用は有効だが、30年弱が経過した昭和61（1986）年1月で日本銀行による支払いは停止した。歴史上、最も長く利用されたお札は武内宿禰《たけうちのすくね》の改造兌換1円券である。肖像の変更はあったものの、明治22（1889）年から昭和18（1943）年に至るまで54年間も利用された。では、逆に一番短命だったお札はどのようなものだろうか。

それは昭和2（1927）年4月25日に発行された「裏白《うらじろ》200円券」（乙200円券）である。平版印刷で裏が白紙と簡易なもので、5月7日には回収されている。同年は金融恐慌の時で、第一次世界大戦後に起きた戦後不況（1920年）や、関東大震災の処理のために発行した大量の震災手形（1923年）などにより不良債権があふれていた 53参照 。こうしたなか、衆議院予算委員会で当時の大蔵大臣・片岡直温が「東京渡辺銀行は倒産する」と失言し金融不安が表面化 57参照 、各地で取り付け騒ぎが起きた。これにより当時の財閥・商社であった鈴木商店は倒産し 56参照 、特殊銀行だった台湾銀行も休業に追い込まれた。

金融恐慌の引き金を引いた片岡が4月20日に大蔵大臣を退任すると、田中義一内閣のもと高橋是清が着任する。高橋蔵相はすぐに500円以上の支払いを猶予する支払猶予令（モラトリアム）の施行準備を進めた 67参照 。同時に、全国の銀行に対し4月22日（金）と23日（土）の2日間を一

参考図書 植村峻『紙幣肖像の近現代史』吉川弘文館，2015年

斉休業とするよう命じた。そして、23日に「裏白２００円券」を５１１万枚も印刷し、刷り上がり次第、各地の銀行へと搬送した。そうして、翌日曜日には全国の銀行に届けたのである。

25日に営業が開始されると、銀行の窓口に紙幣がうず高く積まれた様子を見て、多くの人々は安心し平穏を取り戻した。ただ、この２００円札の発行は日曜日（24日）に官報号外として公示されたものであり、しかも裏面は白紙だったため偽札ではないかとの噂も立った。実際に、すぐにほとんどが回収され市中に残ったのはわずか数十枚程度で、ほとんど流通しなかった。要するに、「裏白２００円券」は市中への流通を目的としたものではなく、人々を安心させるために発行されたものだったのだ。まさに、「お金が足りないなら、お札を刷ればよい」ということが現実にあったということだ。

近代日本のお札の歴史のなかで最も簡素なお札と考えられる裏白２００円券だが、現在はコイン商で数百万といった値段で取引されているようだ。たいへんなお宝である。

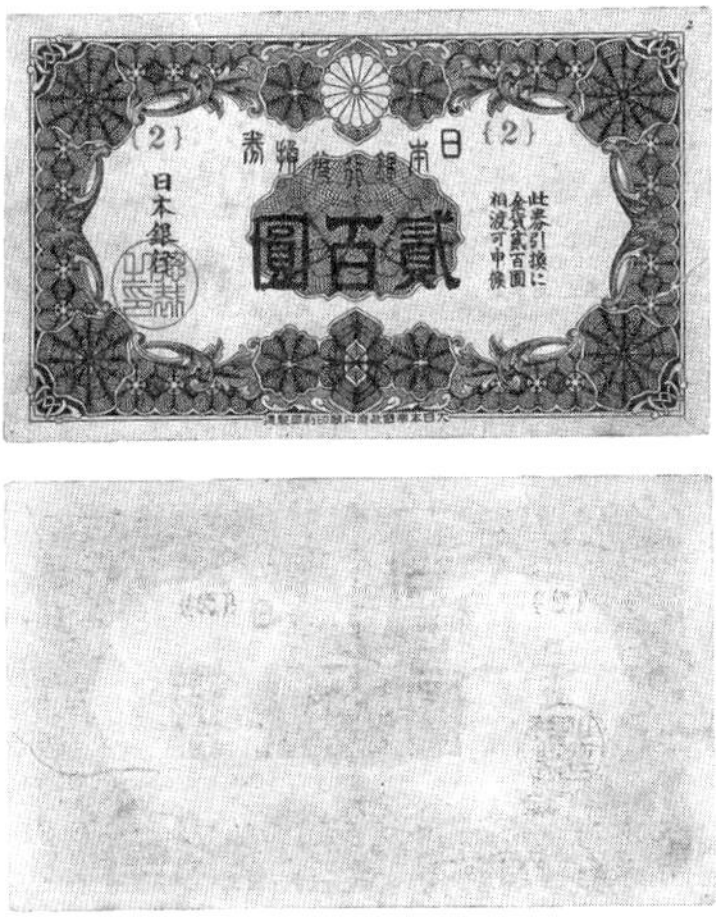

裏白200円券

出所：日本銀行貨幣博物館

62 無担保で低金利─人間を大事に、地域を大事に

無担保で低金利──。こうした理念を掲げていた金融機関があった。群馬県の富岡に拠点を置いていた富岡信用組合（現しののめ信用金庫）である。

富岡は、まゆが大量にとれ、養蚕や製紙、機織りなどが盛んな生糸の町だった。日本初の機械式製糸工場である官営富岡製糸場が操業したのは明治5（1872）年のこと。やがて製品が"TOMIOKA SILK"としてブランド化されると、藤岡、八王子から横浜へと続く道は"シルクロード"とも呼ばれた。工場は昭和62（1987）年の操業停止後も大切に保存され、平成26（2014）年6月に世界遺産に認定された。

この富岡製糸場の建設に奔走したのが、渋沢栄一の義兄・尾高惇忠と韮塚直次郎だ。韮塚は、産業組合として大正14（1925）年に開業した富岡信用組合の初代組合長・韮塚次郎の祖父である。

同組合の設立趣意書には「中流以上の有産者各位は金融の不都合は無いが、中流以下の人は資本金を得るすべが完全ではないので、無尽を利用するか、個人貸借に常に不当な高利を支払わなければならず、事業の継続に支障をきたしている」という内容が記されていた。つまり、富岡の町が製糸業への依存から脱却するには、中流以下の発展を期することが緊要の課題としたのである。

かくして、組合を組織することになった。「なるべく高利をもって預かり、なるべく低利をもって貸し付けをなす組合員の金融機関」という理念を掲げ、さらに「他の金融機関では担保主義をと

参考図書　『愛本位主義　かんら信用金庫75年史』かんら信用金庫，2000年

っているが、組合は各位の信用を向上させる手立てを講ずると同時に、中流以下の担保を持たない者も当然に利用できる」と無担保主義を打ち出した。モノではなくヒトを信用してお金を貸すということである。

しかし、理念に対して現実は厳しかった。時代はおりしも金融恐慌（1927年）、世界恐慌（1929年）、昭和恐慌（1930年）の信用不安が続いた。実際、組合の昭和8（1933）年の通常総会議事録には「貸付金の償還は良好ならず」と書かれている。また戦時期に入ると、軍需産業へ転換する事業者を支援するため、事業資金の貸し付けは大口の少数に限定されるようになった。借入限度額が大きくなるにつれ、無担保主義は現実的ではなくなっていった。

　崇高な理念も、金融不安や戦時期の現実のなかで挫折した。しかし、理念を持ち続けることは大事だ。富岡信用組合の理念は紆余曲折を経ながらも、「人間を大事にし、地域を大事にする」という「愛本位主義」を掲げる、しののめ信用金庫に受け継がれている。

世界遺産に認定された富岡製糸場　かつては製糸業依存に危機感があった（群馬県富岡市）。
出所：群馬県

63 金解禁をめぐる政治家の生き様――「男子の本懐です」

城山三郎著『男子の本懐』をご存知だろうか。時は昭和4（1929）年、主役は浜口雄幸首相、脇役が大蔵大臣の井上準之助。内容は、金輸出解禁（金解禁）を推進した浜口が凶弾に倒れた――というノンフィクション作品である。ここでは、事件の原因となった金解禁を振り返る。

昭和4年7月、浜口内閣は満州某重大事件により倒壊した田中義一内閣に代わり誕生した。前政権の田中は立憲政友会を地盤としたのに対し、浜口は立憲民政党の総裁であった。まさに政権交代である。

浜口内閣が成立する半年前、立憲民政党は党議として金解禁を決めていた。浜口内閣では、それに基づき、党外から井上を大蔵大臣に招へいし、金解禁を強力に推進する。背景として、第一次世界大戦が勃発後、主要国は金の国外流出を防ぐために金輸出を禁止65参照。大戦が終わると、世界経済は金本位制の再建を目指し、各国は金解禁を実施した。日本もこうした世界の流れにあわせて、金解禁の議論がされていた。

大蔵大臣に就いた井上は、金解禁政策に着手。独、仏、伊などは、為替相場と国内物価水準が適応するため新平価で実施していたが、日本は威信にかけて旧平価とした64参照。そのために推し進めたのがデフレ政策である。具体的には、予算を軽減し、国民に対しては消費を節約させて国産品の愛用を推奨した。このデフレ政策は、旧平価での実施だけでなく、関東大震災以来の不良企業

参考図書　城山三郎『男子の本懐』新潮社，1983年

の整理も考えていたようだ。また、正貨保有高を13億4000万円にまで増やした。

しかし、この政策は失敗した。金解禁の前に、円高を見越して、円買いドル売りを実施。解禁後、2年間で7億9000万円を失った。加えて、昭和4年の世界恐慌の影響もあり日本国内は昭和恐慌を招くことになる。

首相である浜口は昭和5（1930）年11月、東京駅で拳銃によって襲撃された。城山三郎は当時の様子をこう叙述する。「医師が思わず、『総理、たいへんなことに』とつぶやくと、浜口はうすく目を開けていった『男子の本懐です』」。さらに、「国家のために捧げている自分は、いつどんな非業の最期を遂げるかも知れぬが…」。浜口は、野党の要請で議会復帰を試み議会に出席するが、翌年8月に死去。井上もまた、昭和7（1932）年2月に血盟団の一人に暗殺された。金解禁という党議の実現に命をかけた政治家の生き様であった。

浜口雄幸　『男子の本懐』新潮文庫

64 新平価か旧平価か—実態かプライドか

金解禁は失敗に終わった63・65参照。ただ、当時の人びとは「失敗するかどうか分からない」と思っており、金輸出解禁の実施に向け、金と円の平価をめぐり大きな論争が行われた。

金輸出を禁止したのは第一次世界大戦の時。当時、金2分（0・75グラム）は1円程度であり、それは1ドル2円を意味した。これに対し、金輸出を解禁する昭和3（1928）年ごろは1ドル2円30銭前後まで円安に振れていた。金解禁時に新平価か旧平価のいずれを採用すべきかで議論がなされたのである。

エコノミストであった石橋湛山《たんざん》は三菱財閥の各務鎌吉《かがみけんきち》とともに購買力平価説の立場から、金解禁自体は賛成だが、実態に即した新平価に切り下げるべきだと主張した。大戦後の金融問題を話し合うジェノア会議でも、平価は実勢相場に応じた為替相場を採るべきだとしており、新平価の採用は世界的な流れでもあった。

しかし、大蔵大臣・井上準之助らは、①円高で経営環境が悪くなれば、企業の経営合理化が進み国際競争力が増す、②一時的に混乱しても金本位制によって為替が安定すれば円の価値が高まり経済が安定し、輸出入計画が立てやすくなる、③第一次世界大戦で疲弊して平価を切り下げた欧州とは異なるところを示し、日本円の威信が高められる——などという理由で旧平価を支持した。つまり、単に金本位制に戻し為替や物価の安定を図るだけでなく、当時問題だった貿易赤字を改善し、

参考図書　大矢野栄次『経済学で紐解く　日本の歴史（上巻）』同文舘出版，2013年

過剰生産力を引き締めることで企業の体質も改善、国際競争力を高めようとしたのである。昭和3（1928）年にフランスで金解禁が行われると、主要国で金本位制に復帰していないのは日本だけとなった。また、昭和5（1930）年に設立される国際決済銀行の出資国・国際連盟財務委員会構成国の要件に金解禁の実施が盛り込まれるなど、対応は喫緊の課題であった。

かくして、浜口雄幸内閣は旧平価での金解禁を押し切ったが、タイミングの悪いことに金解禁実施の直前に世界恐慌が始まった。しかし浜口内閣は、世界恐慌は一時的なものと考えて対応を改めなかったため、金は円の保証を維持するために次々と流出し、国内の金は枯渇する。日本政府は米国から借り入れてまで金の輸出を続けたのである。

世界恐慌は続き、その後英国が金輸出を再禁止する。結果、日本の金の流出はさらに増え金解禁政策は限界を迎える。「円買い」が「ドル買い（円売り）」に転じ、旧平価か新平価かの議論どころではない円の下落が発生した65参照。これを受けて昭和7（1932）年1月、日本でも金兌換は停止され、金輸出は再禁止されたのである66参照。

65 金解禁で混乱――世界の経済状況を読み誤ったために

戦前のドル円相場は、昭和５（１９３０）年までは管理通貨制度のもと１ドル２円程度で安定していた。大正４（１９１５）年以降では、最高値が１円92銭、最安値が２円60銭である。

ところが、それ以降は表のとおり大きな変化を見せるようになる。急激に変動幅が広がり、その後に安定を取り戻していく。背景にあるのが金解禁（金輸出解禁）だ。昭和５年１月11日、浜口雄幸内閣のもと井上準之助蔵相は、それまでの管理通貨制度をやめて金解禁による金本位制へと復帰した。その約２カ月前の10月24日にニューヨーク株式市場で株価大暴落が発生（暗黒の木曜日）し世界恐慌が始まりつつあったのだが、浜口内閣はこれを一時的なものであると考え、金２分＝１円（１ドル＝２円）とした金解禁を断行したのだった 64参照。

世界恐慌のなかでも昭和６（１９３１）年までの相場が１ドル２円で安定していたのは、金本位制によって抑えられていたからである。だが、その代償として多大な金が輸出された。同年９月、金融恐慌が深刻化するなか世界の金融界をリードしていた英国が再び金輸出を禁止する。この英国の金輸出再禁止は、金を通じた為替の安定を目指した金本位制維持という日本の金解禁政策に致命的なダメージを与えた。このあと、米国の銀行が金を買わずにドルを買うようになると、日本の投資家や金融機関もこぞって円を売ってドルを買うようになった。円売りが仕掛けられれば円安になるはずだが、円は金によって固定されていたため金がさらに流出した。

参考図書　三井文庫編『史料が語る三井のあゆみ』吉川弘文館，2015年こうしたドルの思惑買いは「日本の金輸出再禁止を見越し、正貨準備を流出させる国賊的行為」と非難された。有名なところでは、三井銀行が多額の買い予約を行っていることを世間に知られ、激しい非難を浴びた。社会青年同盟と称する一団が同行の営業場に乱入し、三井非難のビラをまくという事件も起こっている。

あとを継いだ犬養毅内閣は高橋是清蔵相のもと、昭和６（１９３１）年12月、金輸出再禁止を決めた。これにより円は暴落し、株式相場や商品相場は暴騰した。さらに東北地方の冷害が拍車をかけ、不況は深刻化した。

	最高値	最安値
1928（昭和３）年	２円08銭	２円23銭
1929（昭和４）年	２円04銭	２円29銭
1930（昭和５）年	２円03銭	２円04銭
1931（昭和６）年	２円03銭	２円90銭
1932（昭和７）年	２円68銭	５円06銭
1933（昭和８）年	３円20銭	４円94銭
1934（昭和９）年	３円29銭	３円51銭

各年のドル円相場

出所：三和良一・原朗編『近現代日本経済史要覧（補訂版）』東京大学出版会，2010年

こうした混乱のなか、昭和７（１９３２）年３月５日、三井合名会社理事長の団琢磨《だんたくま》は血盟団員によって暗殺される。午前11時25分ごろ、三井本館三越側玄関の石段を登りかけた団琢磨に、血盟団員の若者が拳銃を発砲したのである。

金解禁を推進した井上元蔵相が暗殺されたのはその１カ月後のことである。

66 高橋財政──「日本のケインズ」による世界恐慌の脱出

1920年代、日本国内は金解禁の混乱が続き、同時に世界恐慌の真っ只中にあった。しかし、高橋財政を推進したことで、世界恐慌の荒波から脱出できた。今回はこのときの話を紹介しよう。

昭和6(1931)年12月、高橋は犬養毅内閣時に大蔵大臣に就いた。就任当日に金輸出を再禁止し、さらに4日後には日本銀行券の金貨兌換を禁止するなど、らつ腕をふるい管理通貨制度を復活させた。金流出によるデフレを防ぎ、円高を円安にすることで、世界恐慌の影響を緩和したのである。

さらに高橋は、国家的な土木事業を中心に都市失業者救済、農村経済更正施設などを始めとした積極財政を推進する。これが日本のケインズと呼ばれるゆえんである。ただ、このとき満州事変が勃発し、軍事費が膨張した。同じ財政支出であっても軍事費の増加は、高橋にとって誤算だった。結局、公共事業用の予算である時局匡救費《じきょくきょうきゅうひ》を打ち切ったのである。

財政支出の穴埋めには、日本銀行引き受けによる赤字公債を発行した。公債を民間に引き受けさせることは、民間金融機関の投資意欲を減退させ、デフレを招く恐れがあった。このため、日銀に公債を引き受けさせ、折を見て民間に売却させようとしたのである。そのうえで、低金利政策を基礎に据えながら財政支出を行い、内需拡大と輸出を促進させた。これらの施策が奏功し、景気は徐々に回復に向かう。やがて日本は、世界恐慌の荒波から脱出することができたのである。

しかし良いことだけではなかった。海外からは、高橋の低為替政策について、「安価な日本製品が海外で外国製品を圧迫した。日本製品が安いのは、労働者の賃金を不当に抑えているからだ」という批判を受けることになる。さらに国内では、赤字公債の増加が悪性のインフレにつながる恐れがあり、公債の発行を抑制・減少させる必要に迫られた。そこで健全財政をスローガンに、軍部の主張に抗して、軍事費の増額要求を抑え込もうとした。これが原因で高橋は昭和11（1936）年2月26日、軍部の反乱軍によって殺害された。赤坂表町にあった私邸の寝室に銃弾が撃ち込まれた。いわゆる2・26事件である。享年82歳であった。

高橋是清

昨早曉一部青年將校等
各所に重臣を襲撃
内府、首相、教育總監は即死
藏相と侍從長は重傷

△首相官邸（岡田首相即死）△齋藤内大臣私邸（内大臣即死）
△渡邊教育總監私邸（教育總監即死）△牧野前内大臣宿舍湯河原伊藤屋旅館（牧野伯生死不明）△鈴木侍從長官邸（侍從長重傷）△高橋大藏大臣私邸（大藏大臣負傷）△東京朝日新聞社

帝都に戒嚴令布か
司令官は

勅令

今後南京に常
國交調整
有田大

聲明書

2.26事件を報じる新聞記事（『東京朝日新聞』1936年2月27日付）

67 お札の肖像になった大蔵大臣―高橋是清

首相と大蔵大臣の両方を経験していても、人物によっては大蔵大臣としての活躍が評価されていることがある。例えば、日本銀行を設立した松方正義 44参照。そして、ここで紹介する高橋是清である 66参照。

高橋は日本銀行総裁を務めたあと、大蔵大臣として七代の内閣（第1次山本権兵衛、原敬、高橋是清（兼務）、田中義一、犬養毅、斉藤実、岡田啓介）に入閣した政友会きっての財政通である。原敬首相の暗殺後、大正10（1921）年11月に首相兼蔵相を務めたが、閣内不統一でわずか半年で総辞職している。政治を遂行する立場よりも、金融・財政を扱うほうが向いているのかもしれない。

高橋財政の特色は、社会情勢に応じて的確な経済政策を講じることであろう。例えば、平民《へいみん》宰相《さいしょう》として登場した原 敬《はらたかし》内閣のもとで大蔵大臣を務めたときには、鉄道敷設を始めとした積極財政を推進した。また田中義一内閣のもとでは、金融恐慌の最中であったが、支払猶予令（モラトリアム）を発し、その間に金融機関の救済法案を成立させ恐慌を沈静化させた。その力をさらに発揮したのは、犬養毅内閣のときである。世界恐慌の真っ只中、金解禁政策の失敗と金流出と、難問が山積していたが、高橋の手腕によって、日本は世界の列国に先駆けて〝経済の暴風雨〟から抜け出している。ただ高橋は、歳出抑制のため軍事費の膨張を抑えこもうとしたため軍部の反発を買い、2・26事件により殺害された。

高橋是清の肖像　この50円紙幣の発行開始日は1951年12月１日，支払停止日は1958年10月１日。
出所：日本銀行ウェブサイト

戦後の一時期、高橋は五拾円紙幣の肖像になっている。理由はいろいろあるだろうが、軍部と対立しながらも命を賭して政策を推進した人物として高く評価されたからだろう。
ところで、高橋が暗殺されたのは82歳のとき。世界恐慌から脱したのは70歳後半のこと。大蔵大臣というのは、歳を取れば取るほど腕に磨きがかかるようだ。

第４章の課題

課題１　「取り付け騒ぎ」は金融活動が混乱する事態を意味しますが、預金者が自分の貯金を銀行から引き出すことは普通の行為に思えます。どういうことなのでしょう。
課題２　歴史を振り返ると、経済規模を超えて財政出動（国債発行）をしたり（財政規律を守らない）、紙幣を発行し、金融危機や恐慌を招くことがしばしばあります。それは、なぜでしょうか。

おわりに

新型コロナ禍のもと引きこもりながら、本書の刊行を待っている。残念な状況だが、着実に刊行できることに感謝したい。

冒頭にも書いたが、本書は『月刊金融ジャーナル』で「探訪ニッポンの金融史」で連載していたものをまとめたものである。

金融ジャーナル社から、連載を依頼されたのは、２００８年2月ごろだったように思う。同社の岩佐昌洋さんから、相談を受けた。前任校だった広島修道大学で、ゼミ員と広島の銀行史を学内で展示した際、岩佐さんが取材に来てくれたことが出会いである。その後、『入門日本金融史』（日本経済評論社、２００８年1月）を刊行した際に連絡をいただいた。

毎月の連載は、きついと思ったが、良い機会と思い、引き受けた。有難い御縁である。２００８年6月に第1回を掲載して以来、2年間の中断があったが、あとはずっと連載を続けて12年になる（２０２０年7月で通算１２１回のはずである）。岩佐さんは、自分の原稿を丁寧に読み、読みやすい原稿に書き換えていただいた。その後、岡田亮さん、小澤啓さんと担当者を変えながらも、現在に至るまで続いている。直接かかわった3人の皆さん以外にも、連載に理解していただいている金融ジャーナル社に感謝申し上げたい。

同コラムは、自分自身の研究成果を提示するというよりも、これまでの研究成果や社史などを取り上げ平易に紹介することを目的としている。さまざまな出来事を紹介し、それがどのような意味があるかを示すことは有意義なことだと思っている。同連載は意外な人が読んでおり、業界の人から「面白いね」とか「誰が書いていると思って見たら、驚いた」などとコメントを寄せていただいたり、歴史を学んでいる人々からは「金融史ってわからないから、勉強させてもらっている」と、声をかけられることもある。本書を通じて、金融史が身近に感じる一助になれば嬉しい。

同書は平易な本なので、学生諸君にも読んでもらおうと思っている。どんな反応をするだろうか？

今回、『やさしく日本の金融史』の刊行に至ったが、残念ながらすべてを掲載することはできず、時期を区分し、戦中や戦後の内容は割愛せざるを得なかった。金融史として考えるとき、近い時期のほうが、より現実味が増すことは間違いない。その意味で、ぜひ続刊ができるよう励みたい。今後もコツコツと仕事を積み重ねていければと思っている。

本書刊行にあたり、原稿の転載を快く引き受けていただいた月刊金融ジャーナル社の皆様。また、本書の編集にあたっていただいた、学文社の二村和樹さん、そして写真等の掲載について快諾いただいた、各団体様に心より感謝申し上げたい。

２０２０年６月17日

落合　功

初出一覧

本書は，日本金融通信社『月刊　金融ジャーナル』における著者の連載コラム「探訪　ニッポンの金融史」を改稿して採録した。各タイトル初出の年次および号数は以下のとおりである。

項目	タイトル	初出年月：号数
1	日本初の銭，富本銭の発行	2008年６月：616
2	元号になった銅の発見	2013年４月：679
3	利倍法	2015年10月：711
4	悔い返し	2010年８月：644
5	備蓄銭	2008年７月：617
6	銭緡	2008年８月：618
7	国質・郷質	2013年８月：683
8	徳政令	2015年11月：712
9	楽市楽座令	2013年５月：680
10	撰銭令	2008年９月：619
11	埋蔵金は行方は	2016年２月：716
12	保険の始まり	2015年12月：713
13	包銀	2009年１月：623
14	貨幣改鋳	2008年11月：621
15	藩札発行	2009年２月：625
16	三井高利の言葉	2016年６月：720
17	服装の話	2015年２月：703
18	水塩入銀	2014年２月：690
19	大坂堂島の米市場	2008年12月：622
20	米将軍の悩み	2010年５月：641
21	江戸時代の金融危機	2009年４月：627
		2009年５月：628
		2009年６月：629
22	貨幣改鋳に対する近世の経済学者	2013年12月：687
23	三方よし	2014年12月：700
24	お年玉	2017年１月：728
25	座頭金	2015年３月：704
26	無尽	2010年４月：640
27	江戸時代の株	2016年11月：725
28	米が異なると糞になる	2017年６月：733
29	博打は金融にあらず	2015年５月：706
30	社会保障制度の始まり	2018年２月：742
31	銀座というところ	2013年９月：684
32	捨てがたきは義なり	2015年７月：708
33	地主様より小作人？	2010年10月：646

索　引

【著者】
落　合　　功（おちあい　こう）
青山学院大学経済学部教授　学位：博士（史学）

【略歴】

1966年	神奈川県川崎市生まれ
1995年	中央大学大学院文学研究科博士後期課程修了
1995年	日本学術振興会特別研究員
1998年	広島修道大学商学部専任講師
1999年	広島修道大学商学部助教授
2002～13年	広島修道大学商学部教授
2013年	現職（講義科目：日本経済史）

【著書】
『評伝　大久保利通』（2008年7月，日本経済評論社）
『入門　日本金融史』（2008年1月，日本経済評論社）
『新版　入門日本金融史』（2016年5月，日本経済評論社）

やさしく日本の金融史

2020年9月1日　第1版第1刷発行
2023年1月30日　第1版第2刷発行

著　者　落合　功

発行者　田中　千津子
発行所　株式会社　学文社
〒153-0064　東京都目黒区下目黒3-6-1
電話　03（3715）1501（代）
FAX　03（3715）2012
http://www.gakubunsha.com

印刷所　新灯印刷

ISBN978-4-7620-2951-6